Devotions
for
Korean-American
Families

가정예배서

Devotions
for
Korean-American
Families

Brandon Cho
ISBN 0687094143

Cover design by Roy Wallace
Photo by Corbis Digital Stock

01 02 03 04 05 06 07 08 09—10 9 8 7 6 5 4 3 2 1

Manufactured in The United States of America

가정예배서

Devotions
for
Korean-American
Families

조인균 지음
Brandon Cho

ABINGDON PRESS
Nashville

차 례

Contents

새 창조

"**새** 해 복 많이 받으십시오!" 새해가 되면 좋은 기억들이 많이 떠 오른다. 어른들께 소원을 빌고 문안을 드리는 전통적인 세배를 교포 가정에서도 계속 하고 있다. 우리 가족과 친척들은 가정예배가 끝나면 세배를 하기 위해서 거실에 모인다. 아이들이 부모와 친척 어른들께 건강하고 행복하게 오래 사시기를 바라며 절을 한다. 어른들은 그 답례로 아이들에게 어른들의 말씀을 잘 듣고, 자기를 잘 다스리며 열심히 학업에 힘쓰라고 덕담을 해 주신다. 아이들에게 가장 신나는 시간은 어른들께 세배 돈을 받을 때이다.

세배가 끝나면 우리는 한국의 전통 새해 음식인 떡국을 먹는다. 식사 후 아이들이 온 가족 앞에서 노래, 악기 연주, 태권도 시범으로 즉흥적인 장기자랑을 벌인다. 온 가족이 모여서 텔레비전에서 상영되는 로즈 퍼레이드나 미식 축구 시합을 보기도 하지만, 많은 한인 교포 가정들은 윷놀이를 즐긴다. 세배, 떡국 먹기, 윷놀이는 떨어져 지내던 사랑하는 가족들이 한 곳에 모여서 즐길 수 있는 훌륭한 전통이다. 그 전통은 사랑하는 가족들 간에 사랑, 조화, 상호축복을 증진시킨다.

그리스도인으로서 우리는 우리 삶의 근원이신 하나님께 세배를 드릴 수 있다. 하나님은 우리에게 그리스도 안에서의 새 삶과 새 출발이라는 선물을 세배 돈으로 주셨다. 우리는 창조주이신 하나님 안에서 새해를 기쁨과 찬양으로 맞이할 수 있다.

우리 삶의 출발점이신 하나님과 함께 새해를 시작하자.

✝ 기도: 하나님, 우리는 바울의 글을 다시 한번 음미하였습니다. 저희들을 거듭나게 하시고 새 출발 할 수 있게 하심을 감사드립니다. 저희의 마음과 삶을 새로이 드리옵니다. 예수님의 이름으로 기도드립니다. 아멘.

New Creation

H appy New Year! New Year is a special time that brings many happy memories. For Korean–American families, the tradition of "Sae Bae"—bowing to the elders as a way of paying tribute and respect to them—lives on. After a family worship, my family and relatives gather around in the living room for the "Sae Bae" ceremony. Children bow to their parents and other elders, wishing them a happy, healthy, and long life. In return, the parents and elders give the young ones wise counsel for life such as listening well to their parents and other elders, self–discipline, diligent work, perseverance, and good study habits. For young children, the best part is receiving "Sae Bae Money" from their parents and other elders.

We then enjoy traditional Korean soup for the New Year called "Duk Gook." It is followed by an impromptu talent show by the children, who sing, play musical instruments, and demonstrate Taekwondo for the whole family. Although watching the Rose Parade and football games on TV is an option for family gathering, many Korean American families play a game of "Yut". The wonderful traditions of "Sae Bae," "Duk Gook" eating, and the "Yut" game bring scattered loved ones together for a time of family celebration. They promote love, harmony, and mutual blessing among loved ones.

As Christians, we can also offer our "Sae Bae" to our God, who is the source and destiny of our life. In place of "Sae Bae Money," God has already given us the gift of new life and new beginnings in Jesus Christ. In our Creator God, we can rejoice, celebrate, and begin this New Year. Let us begin this New Year with God, who is the beginning point of life.

†**Prayer:** Dear God, Thank you for making us your new creation and giving us new beginnings. We dedicate our hearts and lives to you anew. In Jesus' name. Amen.

그리스도 안에서의 새로운 삶

새 해를 맞이한다는 것은 특별한 일이다. 새해는 미국만이 특별하게 맞이하는 것이 아니고 각 나라마다 축제를 하며 새해를 맞이한다. 우리는 세계 모든 나라가 하나의 공동 운명체로서 지구의 미래를 향한 흥분과 희망으로 함께 함을 텔레비전을 통해 본 적이 있다. 나는 한 종교 집단이 추위에 떨면서도 몸을 얼음처럼 차가운 대양에 담그고, 동쪽을 향하여 경건하게 손을 잡고 기도하면서 새해 아침의 첫 해맞이를 하는 것을 보았다. 서울에 사는 친척 한 분은 가족과 함께 항구 도시인 부산에 내려갔는데 30만 명 정도의 사람들과 함께 해돋이를 보며 새해 아침을 맞이하였다고 한다.

한인 교포 가정에서는 나물, 고기 반찬과 함께 떡국을 먹는 것이 새해 아침의 중요한 전통 중의 하나이다. 속담에 한 살을 더 먹으려면 떡국 한 그릇을 먹어야 한다는 말이 있다. 나이 드신 분들 중에서 나이 드는 것이 싫어 떡국을 먹지 않는 분도 있다고 한다.

하나님께서 또 다시 한 해를 선물로 주셨다. 우리 모두 믿음 안에서 한 살 더 지혜로워지고 강건해지기를 바란다. 사도 바울은 "너희 몸을 하나님이 기뻐하시는 거룩한 산 제물로 드리라……너희는 이 세대를 본받지 말고 오직 마음을 새롭게 함으로 변화를 받아 하나님의 선하시고 기뻐하시고 온전하신 뜻이 무엇인지 분별하도록 하라"(로마서 12:1b-2) 라고 권면하였다.

그리스도인으로서 새해를 시작하는 가장 좋은 방법은 예수 그리스도께 헌신할 것을 새로이 다짐하며 성령님의 힘으로 우리의 마음을 변화시키고 새롭게 하는 것이다.

✝기도: 하나님, 저희의 마음을 변화시키고 진실 되게 하여 주시옵소서. 저희가 하나님을 닮게 하여 주시옵소서. 예수님의 이름으로 기도드립니다. 아멘.

The New Life in Christ

There is something special about welcoming a New Year. All nations around the world celebrate a New Year. We saw all the nations of the world coming together with excitement and hope for a shared future on earth. I saw a group of religious people immersing their shivering bodies in the icy cold ocean water, facing the East and reverently welcoming the first sunrise of the New Year while folding their hands in prayer. My relative said that he and his family traveled down to the port city of Pusan from Seoul in South Korea and welcomed the New Year in the midst of 300,000 people.

One of the important Korean–American traditions for the New Year is eating "Duk–gook"(rice cake soup) along with various vegetable dishes and meat. The old saying is that you have to finish a bowl of "Duk–gook" in order to gain a year. I suspect that some of the elders would rather not eat it so that they won't grow any older.

It is our hope that with the gift of a New Year, all of us will be one year wiser and stronger in faith. The Apostle Paul wisely encourages to "present your bodies as a living sacrifice, holy and acceptable to God·····Do not be conformed to this world, but be transformed by the renewing of your minds, so that you may discern what is the will of God—what is good and acceptable and perfect" (Romans 12:1b–2).

As Christians, the best way to begin this New Year is by recommitting ourselves to Jesus Christ and letting our hearts be transformed and renewed by the Spirit of God.

†Prayer: Change my heart, O God, and make it ever true. Make it more like you. In Jesus' name we pray. Amen.

지금 무엇을 할 때인가?

우리는 시간에 매여 사는 사람들이다. 현대인에게 시간은 가장 귀중한 필수품이다. 우리는 모두 시간을 지혜롭고 유용하게 쓰기를 원한다. 시간을 사용하는 방법에는 행위를 위한 시간과 존재를 위한 시간이 있다.

물론, 우리 대부분은 행위를 위한 시간에 익숙해져 있다. 시간 속에서 어떤 일을 하고 계획을 세우는 것에 익숙해져 있다는 말이다. 약속시간, 마감시간, 식사시간, 잠자는 시간이 그 몇 가지 예이다. 우리는 효과적이고 능률적인 일꾼이 되기를 원한다.

다음은, 존재를 위한 시간이 있다. 이 시간은 바쁜 일상생활에서 물러나 우리의 머리를 맑게 하고, 시각을 바로잡고, 생활의 균형을 갖게 해준다. 궁극적으로는, 존재를 위한 시간은 우리가 누구이며 누구에게 소속되어 있는지를 알게 해준다. 존재를 위한 시간의 배려 없이 단지 행위를 위한 시간만을 갖는다면 우리는 무감각하고 목적을 상실한 일에만 미친 사람이 될 것이다. 반대로, 행위를 위한 시간의 배려 없이 단지 존재를 위한 시간만을 갖는다면 소극적이며 무책임한 사람이 될 것이다. 우리는 양쪽 다 필요하다.

전도서의 저자는 우리에게 다음과 같이 일깨워 주고 있다: "범사에 기한이 있고 천하 만사가 다 때가 있나니" (3:1). 하나님은 우리에게 시간을 선물로 주셨다. 우리가 시간을 우리의 존재와 행위를 위해, 나아가 하나님의 영광을 위해 온전히 사용한다면 우리는 시간을 선물로 주신 하나님의 좋은 청지기가 될 것이다. 요컨대, 이 세상에서의 우리 삶의 목적은 하나님과 친밀한 관계를 유지하며 하나님께 영광 돌리는 삶을 사는 것이다. 그것은 우리의 존재와 행위를 위한 시간이 균형을 유지할 때 가능한 것이다.

✝기도: 하나님, 지금 이 시간 무엇을 위해 시간을 보내야 하는지 깨닫게 하여 주시옵소서. 우리의 존재와 행위 안에서 하나님이 항상 함께 하심을 깨닫게 하시고 하루하루 열정을 갖고 살도록 도와주시옵소서. 예수님의 이름으로 기도드립니다. 아멘.

What Time Is It?

We are creatures of time. In our present information age, time is considered a most valuable commodity. All of us wish to use time wisely and productively. Therefore, time management has become an important part of living for us. I can think of two ways of using time: a time for doing and a time for being.

Naturally, we are most familiar with the time for doing. We know how to do things and plan our activities around time: calendars, appointments, deadlines, meal times, and sleeping times. We are expected to be effective and efficient taskmasters. We take pride in doing things right and well. Some of us are proud of being workaholics.

Then, there is a time for being. It allows us to pause from our busy lives and to experience clarity, perspective and balance. The time for being helps us know who we are and whose we are. Focusing just on the time for doing without being can make us heartless, aimless workaholics. But insisting just on the time for being without doing can make us passive and irresponsible. We need both.

The writer of the book of Ecclesiastes reminds us that "for everything there is a season, and a time for every matter under heaven." God has given us the gift of time. We will be good stewards of God's gift of time if we use it wisely for doing and being, all for the glory of God. After all, the purpose of our life on earth is to enjoy God and glorify God. It sounds to me like a healthy balance of being and doing.

† Prayer: Give us the wisdom to know what time it is. Help us live each day with passion, knowing that in our doing and being we are always connected to you. Thank you for being the best timekeeper for us. In Jesus' name we pray. Amen.

하나님과의 사귐

하나님을 어떻게 이해하느냐에 따라 인생이 달라진다. 우리의 인생관, 가치관, 행동패턴은 우리가 하나님을 어떻게 이해하느냐에 따라 달라진다. 사람들은 하나님의 형상을 여러 모로 생각한다: 하얀 수염을 한 할아버지가 천국에서 내려다보는 모습; 선과 악을 판단하는 재판관의 모습; 모든 것의 근원이 되는 전지전능한 모습; 아기 병아리를 돌보는 어미 닭과 같은 온화한 모습. 이런 형상들을 근거로 해서 우리는 경외롭고 존귀하신 하나님, 두려움과 사랑의 하나님을 볼 수 있다.

전지전능하신 하나님의 형상에 대해서 생각해 보자. 시편 기자는 말하였다: "여호와의 친밀하심이 그를 경외하는 자들에게 있음이여 그의 언약을 그들에게 보이시리로다"(25:14). 하나님은 저 멀리에 있는 비인격적인 신이 아니다. 하나님은 그의 모든 창조물과 사랑의 관계를 갖기를 열망하신다. 잠언 1:7에서도 "여호와를 경외하는 것이 지식의 근본"이라고 했다. 그래서 우리는 찬송한다: 죄짐 맡은 우리 구주 어찌 좋은 친군지……. 예수님을 통하여 하나님은 큰사랑을 베푸셨고, 우리 삶에 항상 같이 하신다.

한 독실한 그리스도인이 있었다. 그 이웃에는 그리스도인들을 비방하는 믿지 않는 자가 있었다. 어느 주일날 아침에 그 그리스도인이 교회에서 돌아오는데 이웃 사람이 질문을 해왔다. "도대체 당신은 어떤 하나님을 믿습니까?" 그는 다음과 같이 대답하였다. "내가 믿는 하나님과 그의 사랑은 너무 놀라와 이 우주의 어느 것으로도 담을 수가 없지만 또한 작고 낮아서 나의 마음속에 항상 존재합니다."

✝기도: 하나님, 부족하고 비천한 저희는 당신의 모든 것을 알 수가 없습니다. 당신은 스스로를 낮추시고 저희를 당신의 자녀로 삼으셨습니다. 기뻐하며 겸손한 마음으로 항상 하나님과 함께 동행하는 저희들이 되도록 인도하여 주시옵소서. 예수님의 이름으로 기도드립니다. 아멘.

Friendship with God

Did you know that your image of God determines your lifestyle? Your image and understanding of God influence, your outlook on life, value system, and behavior. People have come up with many different images of God including: the white—bearded Grandfather figure looking down from heaven; the Judge who distinguishes right from wrong; the awesome Power Source of all things; or the gentle mother hen taking care of her young chicks. Based on our image of God, we see God with awe, reverence, love, or fear.

Now, God as our friend is a powerful image, which we want to consider. The Psalmist says, "The friendship of the Lord is for those who fear him, and he makes his covenant known to them." In this sense, God is not some impersonal distant deity, but one who yearns to have a loving relationship with all God's creatures. In Proverbs 1:7 we read, "The fear [or reverence] of the Lord is the beginning of knowledge." So we sing, "What a Friend We Have in Jesus." Through Jesus, God has become our loving God and best friend.

There was a very devout Christian man living in town. His next door neighbor was a non—believer who had a critical view of the Christian faith. On one Sunday morning, as the Christian man was returning home from church, his neighbor asked him, "Tell me, what kind of God do you believe in anyway?" The Christian man responded, "The God I believe in and love is an awesome one who cannot be contained by anything in the universe yet is small and humble and lives in my heart."

† **Prayer:** Dear God, you are an awesome God that our small brains will never fully understand. And you have humbled yourself and claimed us as your children and friends. May we walk joyfully and humbly with you, enjoying our eternal friendship with you in Jesus Christ. Amen.

하나님의 이상을 품자

이 상은 우리 삶의 강력한 원동력이다. 이상은 바람직한 미래의 상이다. 이상은 우리가 현실의 한계를 넘어서서 더 큰 가능성과 기회를 보게 한다. 이상은 우리가 담대하게 결단하면서 미래로 향하도록 한다. 그러므로 이상은 우리를 현실 속에서 미래의 가능성을 보고 살도록 한다.

1970년대 초 호놀룰루에서 살던 당시 나는 십대 소년이었다. 우리 목사님은 종종 젊은이들에게 이상을 품으라고 격려하시곤 했다. 목사님은 다음과 같이 늘 말씀하셨다: 너희들이 커서 나보다 더 훌륭한 사람이 되어라. 목사님은 중고등부 학생들에게 큰 영향을 주었고, 그 중 나를 포함한 7명은 나중에 목사나 신학교 교수가 되었다. 다른 많은 친구들은 교회의 지도자가 되어 미국 전역에서 활발히 봉사하고 있다.

선지자 요엘은 "내가 내 영을 만민에게 부어 주리니 너희 자녀들이 장래 일을 말할 것이며 너희 늙은이는 꿈을 꾸며 너희 젊은이는 이상을 볼 것" (2:28) 이라고 말했다. 나중에 사도행전 2:17에서 베드로는 이스라엘 백성을 향한 첫 번째 설교에서 요엘의 이 예언을 인용했다. 이로 인하여 3000명이 예수 그리스도 앞으로 나아갔다.

하나님이 주시는 이상은 우리 개인이 만드는 삶의 계획이나 직업상의 목적보다는 더 크고 높은 것이다. 그것은 우리 개인적인 갈망 욕구, 목적들을 초월한 것이다. 그것은 개인적인 삶을 초월해 우리의 시야를 더 넓게 만들어 준다. 그것은 하나님을 우리 삶의 주재자로 받아들이게 한다. 이 세상을 향한 하나님의 위대한 계획에 우리가 동참하는 것이 얼마나 큰 특권인가!

† 기도: 하나님, 우리를 자녀로 삼아 주시고 귀하게 여기심을 감사합니다. 우리를 성령으로 충만하게 하시고 하나님의 이상을 볼 수 있도록 도와주시옵소서. 우리는 하나님의 언약을 굳게 믿고 순종할 것이며, 하나님 나라의 일을 위해 저의 삶을 바칠 것입니다. 예수님의 이름으로 기도드립니다. 아멘.

16

Catching God's Vision

Vision is a powerful driving force in life. Vision is often described as "The picture of a preferred future." It enables us to see the possibilities and opportunities beyond our present reality. It encourages us to plunge into the future with courage and determination. Thus, vision empowers us to live the future possibilities in the present.

When I was a teenager growing up in Honolulu in the early 1970s, my pastor often challenged us young people to have vision. His favorite expression was: "I want you to be better than I am when you grow up." He made such an impact on many young men and women in the youth group that seven of us—including myself—later became either pastors or seminary professors. Many other friends are active lay leaders in churches across the nation.

The prophet Joel spoke on behalf of God, who said, "I will pour out my spirit on all flesh; your sons and your daughters shall prophesy, your old men shall dream dreams, and your young men shall see visions." Later on in Acts 2:17, Peter quoted the same prophecy of Joel in his first public witness to the people of Israel. It resulted in leading 3000 people to Christ.

The vision of God is much more than an individual life plan or vocational goal. It transcends our personal yearnings, desires and goals. It shows us a picture larger than our individual lives. It lets God be the master designer of our lives. What a privilege it is to participate in God's master plan for the world and us!

† **Prayer:** Thank you, God, for reminding us that we matter to you and that we are precious in your sight. Fill us with your Spirit and show us your vision. We shall follow you with confidence in your promise and dedicate our lives to be the instruments of your Kingdom's work. In Jesus' name we pray. Amen.

사랑의 힘

최근 "한국인"이라는 한국판 월간잡지에 16명의 저명한 한인 교포들과 인터뷰를 한 내용이 실렸다. 사랑이 무엇인가라는 질문에 그들 모두는 사랑은 상대적이라고 공통적으로 답변했다.

사랑은 우리 삶에서 가장 강력한 힘일 것이다. 사랑이 없는 삶이란 허무하고 무의미한 것이다. 우리 인간은 일생 사랑을 배우는 자들이다. 사랑은 두 사람이 주고받는 것이다: 이것은 쌍방 통행 관계이다. 그러므로 우리 인간 사이에서의 대부분의 사랑은 지극히 조건적이다.

하나님은 우리 인간사회에 오셔서 예수 그리스도를 통해 새로운 사랑을 보여주셨다. 예수님의 삶과 죽음, 부활을 통해서 우리에게 새로운 사랑의 형태를 보여주셨다. 예수님은 다른 사람들을 위해 그의 생명을 버리셨다. 하나님이 우리를 얼마나 사랑하는지 보여주기 위해 십자가에서 고난을 받으시고 돌아가셨다. 요한복음 3:16에는 우리를 향한 하나님의 사랑의 메시지가 잘 축약되어 있다: "하나님이 세상을 이처럼 사랑하사 독생자를 주셨으니 이는 그를 믿는 자마다 멸망하지 않고 영생을 얻게 하려 하심이라."

부모의 사랑과 같은 하나님의 사랑이 예수님의 십자가를 통해서 우리에게 전해진다. 만약 사랑 받지 못하고 있다고 느끼면 예수님을 한 번 더 바라보고 예수님의 무조건적인 사랑을 흠뻑 느껴 보라.

사도 바울이 말하였다. "그런즉 믿음, 소망, 사랑 이 세 가지는 항상 있을 것인데 그 중의 제일은 사랑이라" (13:13). 우리가 예수님의 희생적인 사랑을 배워 이웃과 하나님의 창조물을 그렇게 사랑할 수 있다면 얼마나 좋겠는가? 오늘도 하나님의 사랑이 우리를 인도하시고 양육하시기를 바란다.

✝**기도:** 사랑의 하나님, 당신은 우리의 참 사랑이십니다. 우리는 당신을 향한 우리의 열렬한 첫 사랑을 항상 기억할 것입니다. 우리에게 참 사랑을 일깨워 주셔서 올바르게 살도록 하여 주시옵소서. 예수님의 이름으로 기도드립니다. 아멘.

The Power of Love

In the recent article in KOREAN monthly magazine entitled "Love Korean American Style," sixteen well-known Korean American celebrities were interviewed. One common thread in their answers to the question of what love meant was that love was relational.

Love is probably the most powerful thing in our human life. Without love, life becomes empty and meaningless. We human beings are lifelong students of love. The love between two human beings is primarily give and take; it is a two-way street relationship. Therefore, most love relationships that we experience with other human beings are undeniably conditional.

Then, God intervened into our human community and showed us a new kind of love through Jesus Christ. Through his life, death, and resurrection, Jesus introduced to us a new paradigm of love. He literally gave his life away for others. He suffered and died on the cross in order to show us how much God loved us. "God so loved the world that God gave God's only begotten Son, so that whosoever believes in him should not perish but have everlasting life (John 3:16)" is a fine summary of God's message of love for us.

As love flows down from parents to their children, God's love flows down from the cross of Jesus onto us. If you feel you are not loved, take a look at Jesus one more time and let his unconditional love surround your whole being.

The Apostle Paul writes, "And now faith, hope, and love abide, these three; and the greatest of these is love." Wouldn't it be wonderful if we could learn from Jesus' self-giving love and apply it in our relationships with others and God's creation? May we be guided and nurtured by his power of love today.

† Prayer: Loving God, you are our ultimate valentine. We will not forget our first love for you. Teach us how to love so that we can learn how to live. In Jesus' name we pray. Amen.

재의 수요일: 자기를 부인하라

재 의 수요일은 사순절을 위한 기도와 준비가 시작되는 날이다. 우리는 이 40일 동안 예수 그리스도 안에서 하나님과의 관계를 재점검해 본다.

"누구든지 나를 따라오려거든 자기를 부인하고 자기 십자가를 지고 나를 따를 것이니라"(마태복음 16:24)는 성경구절과 "내가 온 것은 양으로 생명을 얻게 하고 더 풍성히 얻게 하려는 것"(요한복음 10:10)이라는 말씀은 서로 모순된 내용이 아닌가 하고 생각되었던 적이 있다.

자기를 부인한다는 것은 자기를 경시하는 것이 아니라 인간적인 모든 속박으로부터 자유로워져서 하나님을 만난다는 것이다. 다시 말해 물질주의, 소비주의, 일시적인 욕망충족의 산업사회의 가치 기준과는 상반되지만 예수님의 가치기준을 우리 삶의 근본으로 삼는 것이다.

예수님은 자기를 부인하고 그를 따르라는 그의 부르심보다는 풍성한 삶을 얻으라는 그의 약속이 더 받아들여지기 쉽다는 것을 알고 계셨다. 예수님은 우리가 풍성하고 완성된 삶을 살기를 원하신다. 하지만 그것은 세속적인 사회에서 서로 경쟁적으로 소유하고, 남보다 앞서 가려고 안간힘을 씀으로써 가능한 것이 아니다. 예수님은 진정한 의미의 풍성하고 완성된 삶은 우리가 자기를 부인하고 자기 십자가를 지고 예수님을 따를 때에만 가능하다고 일깨워 주신다.

고통이 없으면 얻는 것도 없다는 말이 있다. 예수님의 제자로서 살려고 노력하다 보면 종종 많은 문제 제기와 함께 문제점들이 생기게 된다. WWJD(예수님이라면 어떻게 하셨을까?)는 우리의 삶에 도전이 된다. 우리는 이런 도전을 믿음이 성장하는 기회로 바꿀 수 있다.

✝기도: 하나님, 우리 자신을 부인하고 십자가를 지고 당신을 따라 가게 하옵소서. 당신의 헌신적인 제자가 될 것을 결단하고 나아가는 저희가 되게 인도하여 주시옵소서. 믿음 안에서 살아갈 때에 영육간에 강건함을 허락하여 주시옵소서. 예수님의 이름으로 기도드립니다. 아멘.

Ash Wednesday Thought: Self-denial

A sh Wednesday signals the beginning of forty days of prayer and preparation for Holy Week. We use this time to re-examine our relationship with God in Jesus Christ.

"If any want to become my followers, let them deny themselves and take up their cross and follow me." Jesus' invitation to discipleship, when I first heard it, disturbed me. His words on another occasion seemed contradictory when he said, "I came that they may have life, and have it abundantly." (John 10:10) Then, what did Jesus mean?

Self-denial does not mean self putdown and self-depreciation. It means to let go and let God. It means taking on Jesus' value as the foundation of our life even if it is contrary to our modern culture of materialism, consumerism and instant gratification.

Jesus knew that his promise for abundant life is a much easier thing to accept than his call for self-denial. Jesus wants us to have an abundant and fulfilling life, but it is not found in our secular world where people are driven to compete against each other to grab, possess, and move ahead. Jesus reminds us that true abundant and fulfilling life is found only when we learn to deny ourselves, take up our cross, and follow him.

It has been said, "No pain, no gain." As we seek to live as his disciples in the world, we are often confronted with many difficult questions and issues. To use our contemporary expression, "WWJD" (What Would Jesus Do?) becomes a daily challenge. But, we can turn it into an opportunity to grow in our faith.

†**Prayer:** We respond to your call to deny ourselves, take up our crosses, and follow you, Lord Jesus. Give us the courage to make the decision to be your disciples today and have the strength to journey with you in faith. In your name we pray. Amen.

우리의 토기장이신 하나님

한국에 있는 몇몇 도자기들은 세계에서 가장 아름답기로 유명하다. 엷은 청록색의 청자기는 국내외를 막론하고 모두에게 사랑받고 있다. 고등학교 때 도자기 굽는 방법을 배운 적이 있는데 아주 간단한 도자기라도 많은 훈련이 필요하다. 하나의 완벽한 청자기를 만들기 위해서 그의 전 생애를 바친 유명한 토기장이의 이야기가 있다. 완성품을 향한 그의 굳은 의지와 노력에도 불구하고 그는 수없는 실패를 거듭했다. 어느 날 그는 완벽한 청자기를 만들기 위해서는 예술적인 마음과 기술뿐 아니라 정신력이 또한 필요하다는 것을 깨달았다. 그래서 그는 새로이 영적인 추구를 시작하였는데 매일의 묵상을 통해서 인간적인 욕심을 털어 내고 마음을 청결하게 하였다. 이것은 그에게 있어 새로운 영적 훈련이었고, 서너 해의 극기훈련과 인내를 통해 마침내 완벽한 청자기를 만드는 데 성공하였다.

본문에서 이사야는 "우리는 진흙이요 주는 토기장이시니 우리는 다 주의 손으로 지으신 것"(64:8)이라고 일깨워 주고 있다. 하나님은 우리를 그의 형상대로 지으신 우리의 창조주이시다. 하나님은 우리를 만드시고 하나님의 영을 불어 넣으셨다. 우리는 하나님의 사랑의 손에 의해 오묘하게 만들어진 하나님의 걸작품인 것이다.

우리 모두에게는 하나님의 특별하신 계획이 있다. "우리는 그가 만드신 바라 그리스도 예수 안에서 선한 일을 위하여 지으심을 받은 자니 이 일은 하나님이 전에 예비하사 우리로 그 가운데서 행하게 하려 하심이니라"(에베소서 2:10). 하나님은 예수 그리스도 안에서 세상을 구원하시기 위해 우리 삶 가운데에서 아름다운 것들을 만들어 갈 것이다. 그러므로 매일 하나님의 손에 의해 우리가 새롭게 만들어지도록 하자. 우리는 진흙이요 하나님은 우리의 토기장이시다.

✝기도: 살아있는 성령님이시여, 저희의 삶에 함께 하여 주시옵소서. 저희를 변화시키고 거듭나게 하셔서 하나님의 참된 자녀로 삼아 주시옵소서. 예수님의 이름으로 기도드립니다. 아멘.

God, Our Potter

S ome of the most beautiful pottery in the world can be found in Korea. The Korean Celadon Vases, with a light tint of green color, are adored by both Koreans and non-Korean friends alike. When I was in high school, I used to take art and pottery classes, and I can tell you that making simple pottery takes a lot of practice. I heard the story of a famous potter who spent all his life to make one perfect Celadon Vase. Inspite of his diligence and determination, he failed many times in making it. One day, this anxious potter learned that making the perfect Celadon Vase required not only his artistic mind, hands and feet, but also his soul as well. So, he started a new spiritual quest, first by emptying his soul of all human desires and cleansing his mind through daily meditations. It was a new spiritual journey for him, and after several years of self- discipline and perseverance, he finally succeeded in making the perfect Celadon Vase.

Today's scripture in the Book of Isaiah reminds us that "we are the clay, and you [God] are is our potter" and that "we are all the work of your [God's] hand." God is our Creator who made us in God's own image. God poured out God's Spirit in order to mold us and make us. We are God's masterpiece, created myteriously by God's hand and love.

We are created for a special purpose. "For we are what he has made us, created in Christ Jesus for good works, which God prepared beforehand to be our way of life." (Ephesians 2:10) God will make something beautiful out of our lives to fulfill God's master plan of saving the world in Jesus Christ. God's handiwork has already begun is us. Therefore, let us continue to be molded and shaped by God's hand each day. We are the clay, and God is our potter.

† **Prayer:** Spirit of the living God fall afresh on me. Melt me. Mold me. Fill me. And use me. In Jesus' name we pray. Amen.

3·1 독립운동

19 19년 3월 1일은 한민족의 가슴에 깊이 남을 아주 중요한 날이다. 1910년 한반도는 일본 제국의 군사령에 의해 합병되었다. 그 이후로 한민족은 일제의 억압 속에서 신음하였다. 한국인의 재산은 일본 정부에 의해 몰수당하였고, 한국이름을 일본이름으로 바꾸도록 강요당하였다. 한국말을 하고 배우는 것이 금지되었고 낯선 이방인으로 취급당하였다.

1919년 3월 1일, 조선의 방방곡곡에서 비인간적인 일제 식민통치에 반발하여 커다란 항거운동이 일어났다. 남녀노소 할 것 없이 모두 깊숙이 숨겨왔던 태극기를 흔들며 거리로 쏟아져 나와 일제의 식민통치에 반대하여 대한독립만세를 외쳤다.

왕후 에스더는 아하수에로 왕국에 있는 모든 유대인을 죽이려는 하만의 계획에 대항하였다. 하만은 에스더의 삼촌 모르드개가 그에게 절하기를 거절하자 몹시 화가 났다. 모르드개는 왕후 에스더에게 말하였다: "네가 왕후가 된 것이 바로 이 일을 위해서가 아니겠느냐?" 에스더는 모르드개에게 모든 유대인들이 그녀와 같이 금식하며 기도할 것을 부탁하였다. 그리고 난 후 그녀는 비록 규례를 어길지라도 왕을 찾아 뵙고 혹 죽으면 죽으리라고 말하였다. 에스더 7장을 보면, 왕후 에스더가 하만의 음모로부터 유대 민족을 구하고 승리하게 된다. 하만은 모르드개를 매달아 죽이려고 만든 그 장대에 자신이 매달려 죽고 만다.

에스더, 모르드개, 그리고 우리 조상들은 민족에 대한 똑같은 열정과 사랑이 있었다. 그분들 모두 민족을 구하기 위하여 스스로 목숨을 걸었다. 하나님의 영광이 그분들에게 함께 하셨다. 우리의 경의를 표하는 바이다.

✝기도: 하나님, 다른 사람들을 위해 목숨을 바치신 선조들을 있게 하심을 감사드립니다. 그분들께 경의를 표하며, 예수님의 이름으로 기도드립니다. 아멘.

March 1st Independence Movement

M arch 1, 1919, is the day that will be long remembered in the hearts of Korean people. The Korean peninsula was annexed by the Japanese Imperial Army in 1910. Since then the Korean people had suffered much. Their property was taken over by the Japanese Provincial Government. They were forced to change their Korean names to Japanese. They were prohibited from speaking and learning the Korean language. And they were treated as strangers in their own homeland.

And on March 1, 1919, the Koreans from all parts of the country organized a massive protest against the dehumanizing Japanese colonial rule. The young and old, men and women, marched through city streets and villages across the nation, waving their treasured Korean flags and calling out for the independence of their homeland from the heavy hand of Japan.

Queen Esther was confronted by Haman who masterminded a plan to destroy her Jewish people throughout the kingdom of Ahasuerus. He got angry when Mordecai, Esther's uncle, refused to bow before him. Mordecai told Queen Esther, "perhaps you have come to royal dignity for just such a time as this." She asked Mordecai to tell all the Jewish people to fast and pray with her. And she said, "After that, I will go to the king, though it is against the law; and if I perish, I perish." In Chapter 7, we read that Queen Esther triumphs and saves her people from Haman's plot, and Haman is the one who ends up being hung on the gallows that he had prepared for Mordecai.

Esther and Mordecai and our Korean foreparents shared the same passion and love for their people. They both risked their own lives in order to save their people. God honored them, and we make our tribute in their honor.

† Prayer: We thank you, God, for those who have gone before us to risk their lives for others. We honor them in your Son's name. Amen.

시험을 받으시는 예수님

우 리는 살아가면서 크고 작은 시험을 끊임없이 받는다. 시험은 우리의 판단을 흐리게 하고 하나님 보시기에 합당하지 않은 일을 하도록 만든다.

예수님도 시험을 받으셨다. 사역을 시작하기 전 예수님은 광야에서 성령에게 이끌리시며, 그곳에서 40일 동안 금식하며 기도하셨다. 금식하는 중에 사탄이 예수님께 돌을 떡으로 변하게 하라고 유혹하였다. 몹시 배가 고팠지만 예수님은 사람이 떡으로만 살 것이 아니라 말씀하시고 거절하셨다. 두 번째로 사탄이 그에게 절을 하면 천하만국의 영광을 예수님께 주겠다고 유혹하였다. 다시 예수님은 이 세상의 권세와 영광이 아니라 오직 창조주이신 하나님께 경배한다고 말씀하시고 거절하였다. 세 번째로 사탄은 예수님을 성전 꼭대기에서 뛰어내리도록 유혹하였다. 예수님은 하나님과 기적을 놓고 예수님을 시험하는 사탄을 꾸짖었다: "너희 하나님을 시험하지 말라."

예수님이 당한 가장 힘든 시험은 타협을 해야만 하는 것이었다. 배가 고프면 먹어야 되는데 왜 돌을 떡덩이가 되지 않게 하겠는가? 사람들이 너의 권세를 존중해 주고 따르면 얼마나 좋겠는가? 기회를 놓치지 말아라. 예수, 너는 보통사람이 아니다. 왜 비범한 일, 즉 뛰어내리는 일을 하지 않는가? "하나님이 너를 받을 것이다." "한번 해 봐라. 그러면 후회하지 않을 것이다"라고 속삭이는 달콤한 유혹은 예수님뿐만 아니라 우리 생활 속에서도 실재하고 있다.

모든 시험을 극복하심으로 예수님은 하나님을 향한 우리의 믿음생활의 수준을 높이셨다. 우리는 매일 닥쳐오는 시험들을 우리의 눈을 예수님께 고정시키고 영적으로 깨어 있음으로 극복할 수 있다. 예수님을 따라가면서 타협이란 있을 수 없다.

✝기도: 사랑의 하나님, 우리는 살아가면서 크고 작은 시험을 끊임없이 받습니다. 저희에게 강건함을 주시어 하나님의 뜻을 따르고자 하는 저희들의 마음을 흐리게 하는 모든 유혹들을 극복할 수 있게 하여 주시옵소서. 예수님의 이름으로 기도드립니다. 아멘.

The Temptation of Jesus

Our daily life is filled with many temptations. Temptations are always looking for ways to invade our life space, and confuse us to do the things that are not pleasing to God.

Jesus was no exception. Before he launched his public ministry, he was led by the Spirit in the wilderness, where he fasted and prayed for forty days and nights. While he was famished, the devil tempted him to turn the stone into a loaf of bread. Jesus, although starving for food, rejected the devils temptation by saying that there was more to life than satisfying physical needs and desires. The second time, the devil tempted him with the glory of all the kingdoms of the world in exchange for his worship of the devil. Again, Jesus rejected it by saying that his loyalty was only to God the Creator and not to the power and glory of the world. The third time, the devil tried to lure Jesus to jump from the pinnacle of the temple. Once again, Jesus rebuked the devil for trying to entice him to play a miracle game with God: "It is said, 'Do not put the Lord your God to the test.'"

Probably the most difficult temptation Jesus had to face was the temptation to compromise: "If you are hungry, you've got to eat. "Wouldn't it be great if you were popular among people? You should go for it." "Aren't you Jesus? So why not do something extraordinary and jump. God will catch you." The temptation of "try it, and you will like it" was real to Jesus and is real to us.

By overcoming his own temptations, Jesus set for us the high standard of faithful living for God. There is no room for compromise when it comes to following Jesus.

† Prayer: Loving God, our life is full of temptations. Give us the strength to overcome the daily temptations that seek to take us away from your way, truth, and life. In Jesus' name. Amen.

주의 만찬

성 만찬을 생각하노라면 나는 자주 "심청전"에 나오는 심봉사와 그의 딸 심청이 생각이 난다. 아버지에 대한 사랑이 극진한 심청은 아버지의 눈을 뜨게 해 달라고 간절히 기도했고, 어느 날 그들의 안전과 번영을 위해 바다 신에게 드릴 희생물을 찾고 있던 어부들에게 그녀의 몸을 팔게 된다. 그러나 심청이 바다에 뛰어들었을 때 바다 신에 의해 구조되어 육지로 돌아가게 되고, 나중에 왕비가 되어 아버지를 다시 만나게 된다. 그리고 심청의 굽힐 줄 모르는 사랑과 헌신으로 인하여 아버지는 눈을 뜨게 된다.

성만찬은 우리에게 새로운 깨달음과 새 생명을 주신 예수님의 헌신적인 사랑을 나타내는 가장 중요한 예식이다. 예수님은 "이것은 너희를 위하여 주는 내 몸이라 너희가 이를 행하여 나를 기념하라……이 잔은 내 피로 세우는 새 언약이니 곧 너희를 위하여 붓는 것이라" 하고 말씀하셨다.

예수님은 체포되어 십자가에 돌아가시기 전 그의 열두 제자를 불러 최후의 만찬을 드셨다. 그때 예수님은 떡을 떼고 잔을 돌리시면서 성찬을 행하셨다. 그 이후로 기독교인들은 우리를 향한 예수님의 헌신적인 사랑을 기념하면서 성찬을 베풀어 왔다.

떡은 예수님의 몸을, 잔은 예수님의 피를 상징한다. 우리가 떡을 떼고 잔을 나눌 때 사실은 예수님의 몸과 피를 받아들이는 것이다. 다시 말해, 그의 생명을 받는 것이다. 성찬은 우리에게 생명을 부어넣는 은혜로운 의식이며, 신비하지만 거기엔 예수 그리스도의 놀라운 은총이 담겨져 있다.

✝ 기도: 하나님, 성찬을 통하여 새 생명을 부어주시니 놀랍고 감사한 마음 이를 데가 없습니다. 주신 새 생명으로 하나님 보시기에 합당한 삶을 살아갈 수 있도록 저희들을 도와주시옵소서. 예수님의 이름으로 기도드립니다. 아멘.

The Lord's Supper

When I think of the Lord's Supper, I often remember the famous story of "The Blind Man and His Daughter, Shim Chung." Shim Chung, who loves her father so much and prays for him to recover his eyesight, chooses to sell herself to the fishermen who have been looking for a young lady to sacrifice to the ocean god for their safety and prosperity. When she jumps into the ocean water, she is rescued by the servants of the ocean god and is taken back to the land. She later becomes a queen and eventually meets her father again. And because of her unyielding love and devotion to her father, he receives new eyesight.

The Lord's Supper, also known as Holy Communion, is the most important sacrament that points us to Jesus' sacrificial love for us so that we, too, can see and have new life. Jesus said, "This is my body, which is given for you. Do this in remembrance of me" and "This cup that is poured out for you is the new covenant in my blood."

Before his arrest and death on the cross, Jesus gathered together his disciples for the last dinner. At this dinner table, Jesus instituted the Lord's Supper by breaking the bread and giving the cup to them. Since then, Christians in all generations have celebrated the Lord's Supper, remembering his sacrificial love for them.

Bread symbolizes his body, and the cup his blood. As we take the bread and the cup, we are indeed receiving Jesus' body and blood. In essence, we are receiving his life. Surely, the Lord's Supper is the means of grace that gives life. It is mystery. But within it lies the amazing grace of Jesus Christ.

† Prayer: With awe and great thanksgiving, we receive your life, O Lord, in the Lord's Supper. Help us live a life worthy of your gift and grace. In your holy name we pray. Amen.

세상 죄를 지고 가신 예수님

이 짧은 고난주간 동안, 우리는 인간의 역사와 삶을 변화시킨 여러 사건들에 대하여 생각해 보게 된다. 먼저 예수님은 "가장 높은 곳에서 호산나, 찬송하리로다 주의 이름으로 오시는 이여"라는 많은 사람들의 환영을 받으며 예루살렘에 입성하셨다. 그러나 이틀 후에는 피할 수 없는 죽음을 맞이하여 겟세마네 동산에서 기도하는 가운데 괴로워하였다. 그리고는 유다에게 배신을 당하고, 가장 믿었던 베드로가 예수님을 부인하는 아픔을 겪으셨다. 다른 제자들 또한 살기 위하여 모두 그의 곁을 떠났다. 예수님은 홀로 남아 백성들의 심판을 받게 된다.

참을 수 없는 학대와 모욕을 당한 후에 예수님은 십자가에 달리셨다. 예수님은 그를 버린 자들을 저주할 만할 온갖 이유들이 있었지만 하나님께 "아버지 저들을 사하여 주옵소서 자기들이 하는 것을 알지 못함이니이다" 하고 간구하셨다. 그리고 낮 12시쯤 큰소리로 "아버지 내 영혼을 아버지 손에 부탁하나이다" 하고 큰 소리로 말씀하신 후에 돌아가셨다 (23:34, 46).

예수님은 일찍이 친구를 위하여 자기의 목숨을 버리는 것보다 더 큰사랑은 없다고 말하셨다. 그리고는 십자가 위에서 그 큰사랑을 몸소 보이셨다. 예수님이 십자가에서 우리를 위하여 행하신 것보다 더 큰사랑을 나는 알지 못한다. 이것은 실로 놀라운 은혜이다.

✝기도: 우리의 구주 되시는 예수님, 죄 많고 보잘것없는 우리 인간을 위해 십자가 위에서 당하신 희생은 우리가 받아들이기엔 너무도 큰 것입니다. 우리를 위하여 죽음을 통해 세상의 죄를 지셨고 저주의 십자가를 놀라운 은혜의 십자가로 변화시키셨습니다. 저희를 구원해 주신 크신 은혜에 감사드리며, 예수님의 이름으로 기도드립니다. 아멘.

Jesus Dying for the Sins of the World

We are in Passion Week. During this one short week, we witnessed many intense turns and twists that changed the course of our human history and life. Earlier in the week, Jesus entered Jerusalem triumphantly and received a hero's welcome from multitudes of people waving palm branches and singing, "Hosannas in the highest. Blessed is he who comes in the name of the Lord." A couple days later, though, he agonized in prayer in the Garden of Gethsemane concerning his inevitable death. He then was betrayed by his disciple Judas, and later was denied by his most trusted friend Peter. Other disciples fled for their lives. He was left all alone to face the judgment of his own people.

After unbearable abuse and public humiliation, he was hung on the cross. He had every reason to curse the people who rejected him. But, no, he instead pleaded to God: "Father, forgive them; for they do not know what they are doing." And at about the noon hour, he cried out with a loud voice, "Father, into your hands I commend my spirit." With these last words, he took his last breath and died.

Jesus said earlier that there was no greater love than giving up one's life for a friend. On the cross, Jesus fulfilled that great love. It is indeed amazing grace, and I kneel at the foot of the cross in awe and tears.

†Prayer: O Jesus, our Lord and Savior, your sacrifice on the cross is beyond our comprehension and deserving. Through dying, you bore the sins of the world for us. You turned the cross of condemnation to the cross of grace . . . amazing grace. Thank you, Lord, for saving us. Amen.

살아나신 예수님

부활절 새벽은 나에게 특별한 의미가 있다. 호놀룰루에서 살 때 우리 가족은 펀치 볼 국립묘지에서 매년 열리는 부활절 예배를 보곤 했다. 어두컴컴한 새벽에 일어나서 예배를 보러 갔었는데 예배의 중간 무렵이면 해가 뜨기 시작하여 예배가 끝날 무렵에는 해가 하늘에 밝게 빛나고 있었다. 나는 남들을 위해 자기의 목숨을 바친 군인들이 잠든 곳을 향하여 조용히 노래를 부르곤 했다. "당신의 희생에 감사드립니다. 예수님이 부활하셨습니다. 예수님이 정말 부활하셨고 당신도 부활할 것입니다."

예수님이 돌아가시고 난 후 첫날 새벽에 여인들이 예수님 몸에 바르려고 예비한 향품을 가지고 무덤에 갔으나 예수님의 시체는 보이지 않았다. 이에 걱정이 된 여인들 앞에 찬란한 옷을 입은 두 남자가 나타나 말하였다. "어찌하여 산 자를 죽은 자 가운데서 찾느냐?" "여기 계시지 않고 살아나셨느니라."

사망아 너의 승리가 어디 있느냐 사망아 네가 쏘는 것이 어디 있느냐? (고린도전서 15:55 참조) 죽음은 예수님을 어둠 속에 잡아 두지 못하였다. 예수님은 죽음에서 부활하셨다. 예수님은 하나님의 사랑이 우리의 죄와 죽음보다 더 크며 마지막 세상이 예수 그리스도 안에서 생명이신 하나님께 속하여 있음을 보여주기 위하여 다시 부활하셨다.

우리는 기뻐 찬송한다. "나의 소망 살아 계신 주님, 모든 두려움 사라지네 내 모든 삶 주장하시니 주께서 나의 삶에 기쁨 주시네." 예수님이 죽음에서 부활하심으로 우리는 예수님 안에서 부활의 신앙을 지니게 되었다. 하나님께 감사드리자.

✝기도: 하나님, 예수님을 죽음에서 부활하게 하심을 감사드립니다. 부활하셔서 살아 계신 예수님을 따르는 것이 얼마나 기쁜 일인지 모릅니다. 우리가 날마다 부활의 소망 가운데 살 수 있도록 인도하여 주시옵소서. 예수님의 이름으로 기도드립니다. 아멘.

He is Risen!

There is something special about Easter morning. While I was growing up in Honolulu, my family and I used to go to the Punch Bowl National Cemetery to attend the citywide Annual Easter Sunrise Service. We would get up at dawn while it was still dark and drive up for the service. At about halfway though the service, we usually saw the sun beginning to show its face. By the time the service was over, the sun shone brightly and joyfully up in the sky. I remember saying silently to the resting places of the fallen soldiers, "Thank you for your sacrifice. Christ is risen. He is risen indeed. And so are you!"

At early dawn, on the first day of the week after Jesus died, the women went to the tomb with spices to give Jesus a proper burial. But his body was no where to be found. To these puzzled women appeared two men in dazzling clothes who said to them, "Why do you look for the living among the dead? He is not here, but has risen."

Death, where is your sting? Where is your victory? Death could not contain Jesus in darkness. Jesus rose from the dead. He is alive again to show us that God's love is greater than sin and death and that the final word belongs to the God of life in Jesus Christ.

We now can sing joyfully, "Because he lives, I can face tomorrow. Because he lives, all fear is gone. Because I know he holds the future, and life is worth the living just because he lives." Because Jesus rose from the dead, we have become the Easter people with Resurrection faith in him. Thanks be to God!

† **Prayer:** Thank you, God, for raising Jesus from death. What a joy it is to follow the risen and living Lord. May we live each day in his resurrection power. Amen and amen.

엠마오로 가는 길

내가 교회에서 중고등부를 담당하고 있을 때 다니엘이란 아이가 있었다. 다니엘은 재치 있고 총명하며 부지런하고 자신감 넘치는 소년이었다. 한번은 그가 중고등부 회장으로 선출되었다. 우리는 자주 맥도날드에서 햄버거를 먹으며 잡담을 하곤 했다. 다니엘의 부모는 성공한 전문인이었고 자녀들을 사랑하였다. 그런데 하루는 다니엘이 불평을 털어놓았다: "내가 원하는 것은 단지 삶에서 낙오되지 않는 것인데 그게 점점 힘들어. 실패를 해서 부모님을 실망시킬까봐 걱정이 돼."

나이가 많든지 적든지 간에 우리 모두는 다니엘과 같이 생각할 때가 있다. 때때로 우리는 살다가 어려움에 처할 때가 있다. 실패하고 좌절감에 빠지게 될 때 우리는 어떻게 극복하는가?

오늘 성경 이야기에서 예수님의 두 제자가 실패와 좌절을 겪으며 절망하는 것을 볼 수 있다. 주님이 십자가에서 돌아가셨을 때 그들의 꿈도 함께 죽었다. "우리는 예수님이 이스라엘을 구원하실 바로 그 분인 줄 알았는데" 하고 어찌 할 바를 모르면서 그들은 옛날로 돌아갔다. 그러자 부활하신 예수님이 그들 앞에 나타났다. 예수님은 최후의 만찬에서 하셨던 것처럼 식사 때 떡을 떼어 그들에게 주셨다. 갑자기 그들의 눈이 열리고 예수님을 알아보았다. 그러자 예수님이 그들의 시야에서 사라지셨다.

그들의 가슴은 다시 한번 신앙의 불길로 타올랐다. 바로 그 순간, 그들은 예루살렘으로 돌아갔다. 실패와 좌절의 고통 속에서 부활하신 예수님을 만나고 생명의 땅인 예루살렘으로 다시 돌아갔다. 예수님은 우리가 어려움에 처할 때 그에 대처할 수 있는 믿음, 담대함, 강건함을 부어 주신다. 지금은 우리가 부활하신 예수님과 함께 생명의 땅 예루살렘으로 돌아갈 때이다. 우리 모두 준비가 되어 있는가?

✝기도: 하나님, 우리를 부활의 권세와 믿음으로 충만하게 하시고, 어려움에 처해 있을 때 하나님이 주시는 소망과 은총을 힘입어 극복하게 하여 주시옵소서. 부활하신 예수님의 이름으로 기도합니다. 아멘.

On the Road to Emmaus

When I was a youth pastor of a church, I had a chance to get to know Daniel. Daniel was a witty, smart, diligent, confident youth. One year, he was elected the president of his youth group. We often went out for a hamburger and shake at McDonalds and chit-chat. His parents were successful professionals who loved their children. One day, however, he said, "You know, I just want to survive this life. It's getting to be too much. I am afraid I will fail and disappoint my parents."

Sometimes life can be overwhelmingly difficult. How do you respond when life gets tough? How do you deal with failures and disappointments in life?

In today's Gospel story, we read about two disciples of Jesus with a heartwrenching sense of failure and disappointment. When their master Jesus was killed on the cross, their dreams died as well. They said, "we had hoped that he was the one to redeem Israel." Not knowing what to do next, they decided to go back to their old way of life. Then, the risen Jesus appeared before them. At dinner, he took bread, blessed and broke it, and gave it to them, just like he did earlier at the last supper before his crucifixion. All of a sudden, their eyes were opened and they recognized him. At that point, Jesus vanished from their sight.

Their hearts were set on fire once again. And that same hour they got up and returned to Jerusalem. In the midst of failure and disappointment, they met risen Jesus and returned to the land of the living. Jesus gives us a resilient faith, the courage and strength to bounce back when life gets tough. It's time to turn around and go back to our risen Lord. Are you ready?

†Prayer: Lord God, Fill us with the Resurrection power and faith in Jesus and help us live through those moments of failure and disappointment with your hope and grace. In the name of risen Christ. Amen.

겨자씨의 믿음

겨자씨는 씨 중에 가장 작은 것으로 알려져 있다. 겨자씨는 자라서 덤불이나 나무가 되는데 새들이 날아 들어와 정착하고는 눈에 띄는 검은 씨들을 먹는다. 아주 작은 겨자씨가 덤불이나 나무로 자라는 것은 굉장한 변화이다.

예수님은 "만일 너희가 한 겨자씨만큼만 한 믿음이 있으면 너희가 못할 것이 없을 것이니 산이라도 옮길 수 있을 것"이라고 말씀하셨다 (마태복음 17:20 참조). 예수님은 항상 미래의 가능성과 기회를 바라보면서 사람들이 가지고 있는 잠재력에 관심을 가지셨다. 예수님은 12명의 제자와 함께 사역을 시작하셨다. 2천년이 지난 지금, 그의 말씀은 온 세계를 통해 수많은 영혼을 감화시키고 변화시키고 있다.

우리의 이민사회도 아주 작게 시작하였다. 1903년, 소수의 한인들이 하와이에 있는 사탕수수 밭에서 일을 하기 위해 배를 타고 건너왔다. 이것이 우리 이민역사의 시작이었다. 오늘날 한인사회는 숫자가 증가했을 뿐만 아니라 모범적인 소수민족사회로 성장하였다. 한 가지 눈에 띄는 성장은 교회 성장이다. 한인 교포들은 교회를 개척하는 것으로 잘 알려져 있다. 이런 말이 있다: 중국사람은 식당을 개업하고, 일본사람은 은행을 개설하고, 한국사람은 교회를 개척한다.

한인사회는 우리 2세, 3세의 삶에 심어지고 있는 겨자씨 믿음이 자라날 수 있는 토양이 되어야 한다. 우리는 겨자씨 믿음을 과감히 받아들이는 새롭고 젊은 세대의 헌신적인 한인 기독교인들을 길러내야 한다. 이 사역을 위해 함께 기도하자.

✝기도: 우리의 과거, 현재, 미래이신 하나님, 저희에게 겨자씨의 믿음을 허락하여 주시옵소서. 하나님이 주시는 강건함으로 우리는 어떠한 일도 할 수 있으리라 믿습니다. 특히 우리 자라나는 젊은 세대를 위한 사역 위에 하나님의 인도하심과 축복이 넘치길 예수님의 이름으로 기도드립니다. 아멘.

Faith of a Mustard Seed

A mustard seed is considered the smallest of all the seeds. A mustard seed can grow and become a bush or even a tree, and birds fly over and settle on it and eat the black seeds found on it. A small mustard seed becoming a bush or tree is remarkable growth.

Jesus said that if you have faith the size of a mustard seed, you can move a mountain for nothing is impossible (see Matthew 17:20). Jesus always focused on the potential in people while looking at future possibilities and opportunities. He began his ministry with a small band of 12 followers. Two-thousand years later, his message is touching and changing millions and millions of lives around the world. Praise God!

Our Korean American community began small as well. Back in 1903, a group of Korean workers sailed to Hawaii to work on the sugar plantations. Today, our community has grown in number and size as an exemplary ethnic community. One significant growth can be found in our churches. It has been said that "Chinese open a Chinese restaurant, the Japanese starts bank, and Koreans open a new church."

I see our current Korean American community as the soil in which a mustard seed of faith is being planted in the lives of our younger second and third generations. We need to raise up a new generation of committed Korean American Christians who are daring to apply their mustard seed faith. Let's pray for this ministry.

† **Prayer:** God of our past, present and future, plant your mustard seed faith in your people. We believe we can do all things through Christ who gives us strength. We especially pray for your blessing and guidance on our ministry, especially for our younger generations. In Jesus' name we pray. Amen.

아이스크림을 구한 기도

하 루는 한 젊은 엄마가 아이들과 식당에 갔었는데 6살 난 아들이 식사기도를 하겠다고 자원했다. "좋으신 하나님, 주신 음식에 감사하며 밥 먹은 후에 엄마가 아이스크림을 먹게 해주면 더욱더 감사하겠습니다. 예수님의 이름으로 기도합니다. 아멘." 가까이 있던 손님들이 웃음을 터뜨렸고, 그중 한 아주머니가 말을 꺼냈다. "우리나라가 이래서 잘못된 거야, 요즘 아이들은 기도도 할 줄을 몰라. 아이스크림을 위해 기도를 하다니……."

아들이 이 말을 듣고 눈물을 터뜨리며 "내가 뭘 잘못했어요? 하나님을 내가 화나게 만들었어요?" 하고 물었다. 아들을 안아주며 기도를 아주 잘했고 하나님은 화가 나지 않았다고 안심시켜 주고 있는데 할아버지 한 분이 우리에게로 다가와서 말하였다. "하나님이 네가 기도를 아주 잘했다고 생각하시는 것을 나는 안다." "정말이에요?" 아들이 물었다. "정말이지. 저 아주머니가 아이스크림을 달라고 기도를 해본 적이 없는 것은 참 슬픈 일이야. 때때로 아이스크림은 우리의 영혼을 맑게 해 주는데 말이야" 하고 대답하였다.

당연히 그 아이의 엄마는 아이스크림을 사 주었다. 아들은 아이스크림을 들고 말없이 그녀에게 가서 큰 웃음을 머금으며 말했다. "이 아이스크림 드세요. 때때로 아이스크림은 영혼을 맑게 해 주어요. 나의 영혼은 이미 맑아 있어요."

사도 바울은 우리에게 항상 기뻐하라, 쉬지 말고 기도하라, 범사에 감사하라고 권고한다. 이 이야기 속의 6살 난 소년은 사도 바울의 이런 권고를 따르는 방법을 터득했으며 우리도 또한 이 소년과 같이 할 수 있다. 끊임없이 기뻐하고, 기도하고, 감사하는 것이 예수 그리스도 안에서 우리를 향한 하나님의 뜻이다.

✝기도: 사랑의 하나님, 부족한 저희에게 많은 축복을 주시니 감사합니다. 우리가 받은 모든 축복을 알게 하시고 삶의 모든 순간 순간을 기뻐하고, 기도하고, 감사하는 저희가 되도록 예수님의 이름으로 기도합니다. 아멘.

가정예배서

Prayer and Ice Cream

L et us listen to the story of a young mother and her young son. "Last week I took my children to a restaurant. My six-year-old son had asked if he could say grace. As we bowed our heads, he said, 'God is good. God is great. Thank you for the food, and I would even thank you more if Mom gets us ice cream for dessert. In Jesus' name. Amen.'" Then, I heard a remark from a woman nearby, 'That's what's wrong with our country. Kids today don't even know how to pray. Asking God for ice cream.'"

"Hearing this, my son burst into tears and asked me, 'Did I do it wrong? Is God mad at me?' As I held him and assured him that he had done a terrific job and God was certainly not mad at him, an elderly gentleman approached the table. He said, 'I happen to know that God thought that was a great prayer.' 'Really?' my son asked. Then he added, 'Too bad that that lady never asks God for ice cream. A little ice cream is good for the soul sometimes.'"

Naturally, this young mother bought her son an ice cream sundae for dessert. Then her son did something remarkable. He picked up his sundae and, without a word, walked over and placed it in front of the lady. With a big smile, he told her, "Here, this is for you. Ice cream is good for the soul sometimes, and my soul is good already. Have a nice day."

The Apostle Paul admonishes us to "rejoice always, pray without ceasing, give thanks in all circumstances." The six-year-old young man in the above story seems to have learned how to do it. And we can do it, too. Continual rejoicing, praying, and thanksgiving is the will of God for us in Jesus Christ. It's good for our souls.

† Prayer: Our loving and gracious God, you have given us so much beyond our deserving. Help us recognize your wonderful blessings and rejoice, pray, and give you thanks in each moment of our lives. Thank you for your love. In Jesus Christ. Amen.

포크를 가지고 가라!

불치의 병에 걸려 석 달의 시한부 인생을 살아야 하는 한 여인이 있었다. 그녀는 존경하는 목사님을 만나 장례식에 관하여 의논을 하면서 좋아하는 찬송가, 성경구절, 기도들을 골랐다. 목사님이 자리를 뜨려고 하자 그녀가 말했다. "그런데, 한 가지 더 있습니다. 손에 포크를 잡고서 묻히고 싶습니다." 목사님은 그녀의 유별난 요청에 어떻게 답변해야 할지 몰랐다. 그녀가 설명하였다. "교회를 평생 다니는 동안 모임 후 식사시간에 음식을 다 먹을 즈음 음식의 꽃이라 할 수 있는 후식을 위해 포크를 계속 갖고 있으라는 말을 들었습니다. 만약 나의 친구들이 포크로 뭘 할거냐고 물어오면 이렇게 대답해 주십시오: '가장 좋은 것이 아직 남아있다고요.'" 그 순간 목사님은 그녀가 자기보다 천국을 더 잘 이해하고 있음을 알았다. 그녀는 아버지의 영원한 집으로 돌아갔을 때 더 좋은 것이 오고 있다는 것을 알고 있었다.

예수님이 친구들에게 말씀하셨다: "내 아버지 집에 거할 곳이 많도다 그렇지 않으면 너희에게 일렀으리라 내가 너희를 위하여 거처를 예비하러 가노니." 예수님은 부활하신 뒤에 우리를 위하여 처소를 예비하러 천국으로 승천하셨다.

우리의 궁극적인 본향은 하나님의 나라이다. 우리의 궁극적인 희망은 여호와의 집에 영원히 거할 것이라는 (시편 23:6 참조) 하나님의 약속에 있다. 그러므로 우리는 죽음을 생명의 일부분으로 받아들일 수 있다. 우리는 죽음이 끝이 아니라 그리스도 안에서 새로운 삶의 시작임을 안다. 그것은 눈물, 두려움, 죽음으로부터 해방되어 하나님의 나라에서 영생하는 것이다. 포크를 계속 간직하자. 가장 좋은 것이 아직 남아 있으니까.

✝기도: 하나님, 당신의 나라에서 영생을 약속하시니 감사합니다. 우리가 이 세상에서의 삶을 마치고 기뻐하며 당신께 돌아갈 때까지 최선을 다하여 당신께 영광 돌리는 삶을 살 수 있도록 도와주시옵소서. 우리의 처소를 예비하시기 위해 먼저 가신 예수님의 이름으로 기도드립니다. 아멘.

Keep Your Fork!

There was a woman who was diagnosed with a terminal illness and was given three months to live. She met with her pastor, and together they designed her funeral service and selected her favorite hymns, Bible verses, and prayers. As her pastor was preparing to leave, she said, "Oh, by the way, there is one more thing. I want to be buried with a fork in my hand." The pastor didn't know what to say to such an unusual request. She explained, "In all my years of attending church and potluck dinners, I always remember that when I was done with the main course, I was told to keep my fork for the best part of the meal—dessert. If my friends wonder 'What's with the fork?' please tell them for me: 'Keep the fork. The best is yet to come.'"

The pastor knew at this point that she had a better grasp of heaven than he did. She knew something better was coming when she returned to her eternal home.

Jesus said to his friends, "In my Father's house there are many dwelling places. If it were not so, would I have told you that I go to prepare a place for you?" Jesus ascended to heaven after his resurrection to prepare a place for us.

Our ultimate home is God's kingdom. Our ultimate hope lies in the promise that we "shall dwell in the house of the Lord forever" (Psalm 23:6). Therefore, we can accept death as a part of life, knowing that death is not the end but the beginning of yet another life in Christ—the eternal life in God's kingdom where there are no more tears, fear, and death. So, let's keep the fork . . . the best is yet to come.

† Prayer: Thank you, O God, for your promise of eternal life in your kingdom. Help us live our life to the fullest and glorify your name until we finish our course and return to you rejoicing. In the name of Jesus who has gone before us to prepare a place for us in your kingdom. Amen.

어린이날을 맞이하며

5 월 한 달은 기독교 가정의 신앙생활에 대하여 생각해 보고자 한 다. 우리 가족은 내가 14살 때, 1969년 서울에서 호놀룰루로 이주 해 왔다. 나는 여동생 둘과 남동생 둘이 있는데 다른 형제들처럼 서로 놀리고, 싸우기도 하며 울음이 날 정도로 웃기도 하고 같이 뛰어 놀며 자랐다. 우리는 보통 집에서 살았고, 주말에는 아이스크림을 먹는 것 이 큰 기쁨이었다. 부모님은 반 갤론 짜기 바닐라, 초콜릿, 딸기 아이 스크림을 사 주셨다.

우리는 착한 아이들이어서 제일 먼저 좋은 그릇에 아이스크림을 담 아 어머님과 아버님께 드렸다. 그 다음 우리 차례가 되면 우리 5형제 에게는 그릇이 따로 필요 없었다. 그냥 "떠먹자!" 하고 일제히 소리치 며 각자 수저를 갖고 아이스크림 통에 달려들었다: 내가 제일 큰 수 저를 차지했고, 당시 6살이었던 막내는 제일 작은 찻잔용 수저를 사 용했다. 때때로 우리는 서로 아이스크림을 먹여 주었고, 서로의 얼굴 에 묻어 있는 온갖 모양의 아이스크림을 보고 깔깔대고 웃곤 하였다. 30여 년이 지난 지금, 우리는 여전히 부모님이 우리에게 사주셨던 1불 99전 짜리 아이스크림을 떠올리며 이야기의 꽃을 피우곤 한다.

아이들은 하나님이 주신 선물이다. 그들의 쾌활함, 천진난만함, 정 직함, 호기심, 꾸밈없는 행위, 믿는 마음들은 어른들의 삶에 생기를 불어넣어 준다. 아이들이 없고 닳고닳은 고집 센 어른들만이 있는 삶 을 상상이나 할 수 있는가?

✝기도: 하나님, 어린아이들을 용납하고 내게 오는 것을 금하지 말라; 천국이 이런 자의 것이라는 예수님의 말씀을 배웠습니다. 우리가 어 린아이와 같은 순수한 마음으로 살아갈 수 있도록 도와주시옵소서. 어린아이들이 더 살기 좋은 세상을 만들 수 있도록 도와주시옵소서. 예수님의 이름으로 기도드립니다. 아멘.

In Celebration of Children

During this month of May, our meditations will focus on Christian family life. My family moved to Honolulu from Seoul in 1969 when I was about 14 years of age. I had two younger sisters and two younger brothers. Like any other normal siblings, we grew up teasing, fighting, laughing crying, and playing with each other. We lived in a modest home, and our weekend treat was ice cream. Our parents bought a half-gallon of ice cream in three flavors—vanilla, chocolate, and strawberry.

Since we were "good" children, first we served our mom and dad a couple of scoops of ice cream in nice dishes. But when it came time for us, we exclaimed in unison, "Let's forget about the dishes. Let's just dig in." The five of us gathered around the ice cream with our designated utensils: I got the biggest spoon in the kitchen and the youngest one, who was 6 years old then, got the smallest teaspoon. At times, we fed each other, laughing about all the creative ice cream drawings we saw on each other's faces. More than 30 years have passed since then, and we still talk about that $1.99 ice cream, which our parents got at the local food market.

Children are a gift from God. Their playfulness, pure innocence, and honest expressions of their thoughts and feelings, curiosity, spontaneity, and trusting hearts continue to refresh our human life. Can you imagine a life filled with sophisticated and strong-willed grown-ups without children?

† Prayer: We remember the words of Jesus, "Let the children come to me, and do not stop them; for it is to such as these that the kingdom of heaven belongs." Help us let the children within us come out and play with you, O God. Help us make this world a better place for all the children of the world. In Jesus' name we pray. Amen.

어머니, 감사합니다!

이번 주는 어머니날을 맞이하며 어머니께 존경과 감사의 마음을 전하는 기쁨에 찬 주간이다. 하나님은 당신의 사랑이 어떠한 것인지 보여주기 위하여 어머니를 창조했다고 말하는 사람들이 있다.

다른 어머니들처럼 나의 어머니도 정말 훌륭하시다. 어머니의 별명은 희생이다. 내가 십대였을 때 어머니는 우리 5형제를 위해 세 군데 직장에서 일을 하셨다. 어머니는 지금도 여전하시지만 음식을 잘 만드셨다. 금요일 밤에 나는 자주 어머니가 일하시는 식당 부엌에서 어머니를 돕곤 했었다. 그런데 하루는 내 뒤에서 누군가의 신음소리가 들리기에 돌아다보니 어머니가 부엌 바닥에 쓰러져 계셨다. 어머니는 과로로 쓰러지신 것이었다. 조금 후 어머니는 의식을 되찾았고, 집에 가서 쉬라는 모두의 간청에도 불구하고 일을 다시 계속하셨다. 나는 이 일을 결코 잊지 못한다.

그 다음 여름에, 나는 호놀룰루에 있는 델 몬티 공장에 처음으로 정식 채용이 되었다. 내가 첫 월급을 받았을 때 어머니와 함께 쇼핑을 나가 새 시계를 사드렸다. 어머니의 얼굴은 기쁨에 넘쳐 환하게 웃고 계셨다. 어머니는 이 일을 모두에게 자랑스럽게 말씀하였다.

어머니와 나는 좋은 친구이자 기도의 파트너이다. 어머니는 중년의 목사 아들을 위해 매일 기도하신다. 어머니는 나에게 있어 항상 그래 왔고, 앞으로도 그렇게 하실 것이다. 나는 어머니를 정말 사랑한다.

시간을 내어 어머니께 감사와 사랑의 마음을 전하자. 어머니가 가까이 계시지 않으면 사랑의 편지를 보내자. 어머니, 감사합니다. 하나님, 이 세상의 모든 어머니들을 보내주셔서 감사합니다.

†기도: 하나님, 어머니의 사랑을 통해 하나님의 사랑을 알게 하시니 감사합니다. 어머니의 희생적인 사랑을 통해 우리가 서로 사랑할 수 있는 마음과 성품을 지니게 되었습니다. 이 세상의 모든 어머니들께 존경과 감사와 사랑의 마음을 전합니다. 예수님의 이름으로 기도드립니다. 아멘.

Thank You, Mom!

T his week we have the joy of honoring our mothers and thanking them. It has been said that God created mothers in order to show us what God's love is like. How true!

Like many of you, I am blessed to have a wonderful mother in my life. Her nickname is Sacrifice. When I was a young teenager, my mother used to work at as many as three jobs at the same time in order to support her five growing children. She was, and is, a wonderful cook. On Friday nights, I often volunteered to go to the restaurant where she worked and help her in the kitchen as her "assistant." One night, however, I heard someone moaning behind me. When I turned around, I saw my mother on the kitchen floor. Apparently, she collapsed out of sheer exhaustion. Several minutes later, she regained her consciousness and resumed her work, ignoring everyone's plea to go home and rest. I will never forget that.

The next summer, I got my first official job at the Del Monte Cannery in Honolulu. When I got my first paycheck, I took my mom out shopping and got for her a brand new watch. Oh, you should have seen her face glowing with joy. To my embarrassment, she told everybody about it.

We have become good friends and prayer partners. She prays daily for her son who is now a middle–aged pastor. For me, she has been, is, and always will be my mom, and I love her so!

I invite you to take time to tell your mother how much you appreciate her and love her. If your mother is not available in person, you can write her a love letter. Thank you Mom and thank you God for all the mothers of the world.

† Prayer: Thank you, God, for sending our mothers to show us your great love. Their sacrificial love has shaped our hearts and character as true human beings who care for others. We honor them today with thankful hearts and love. In Jesus' name. Amen.

기도의 힘

우 리는 세상에서 여러 가지 다른 종류의 권력을 보고 즐긴다: 체력, 경제력, 정치적 권력, 사랑의 힘 등. 어린아이들은 파워 랜쥐(Power Rangers)를 힘의 상징으로 생각한다.

힘에 대하여 생각하면 할수록 진정한 의미의 힘은 그 자체로부터 오는 것이라는 것을 더욱더 깨닫게 된다. 궁극적인 힘의 근원은 하나님이고 우리는 하나님과 연결되어 있어야 한다. 기도는 하나님과 우리를 연결시켜주는 가장 확실하고 중요한 수단이다. 기도가 없는 기독교인의 하루하루의 삶은 마치 휘발유 없는 차를 운전하려는 것과도 같다.

기도는 우리 삶의 궁극적인 근원인 하나님과 우리를 연결시켜준다. 한인교회의 특징은 기도에 힘쓰는 것이다. 한국 교인들은 뜨겁게 기도하는 것으로 인식되어 있다. 그것은 기도훈련을 모범적으로 보여주신 예수님으로부터 배운 것이다. 복음서에 보면, 예수님은 자주 사람들과 떨어져서 홀로 하나님께 기도드렸는데, 때로는 캄캄한 새벽에 기도하셨다. 예수님은 기도를 통해 몸과 마음의 균형을 유지하고 영안을 밝게 하시며 하나님의 일을 하기 위해 당신을 재충전하셨다.

가족과 함께 계속적인 기도훈련을 하도록 노력해 보라. 기도로써 하루를 시작하고 끝내라. 가족이 모여 함께 기도하는 시간을 갖자. 사랑하는 사람들이 모여 서로를 위해 기도하는 모습은 가장 아름다운 가족의 모습이다. 기도는 우리를 하나님께 가까이 가게하고 사랑하는 가족들을 더 가까이 묶어준다. 서로를 위해 기도하는 가족은 사랑의 공동체로서 하나가 된다.

† 기도: 하나님, 기도의 중요성을 깨우쳐 주시니 감사합니다. 기도가 우리를 하나님과 하나가 되게 해주고, 사랑하는 가족들을 하나로 묶어 줌을 깨달았습니다. 주님께서 제자들에게 가르쳐 주신 주기도문을 저희가 기도할 때에 저희를 인도하여 주시옵소서: "하늘에 계신 우리 아버지여, …… 대개 나라와 권세와 영광이 아버지께 영원히 있사옵나이다. 아멘."

The Power of Prayer

There are many different kinds of power we see and enjoy in the world. To name some: physical power, money power, political power, and love power. Kids often talk about the Power Rangers, too.

The more I think about power, I become more convinced that the real power comes from within and not without. And the ultimate source of power is God. We need to be connected to God. The most obvious and important way to do that is through prayer. Without prayer, our Christian walk would be like trying to drive a car without gasoline.

Prayer is the act of "hooking up" with the ultimate source of our life—God. One trademark of the Korean American churches is prayer. Korean Christians are recognized as a people of fervent prayer. They have learned it from Jesus who has modeled prayer discipline for us. In the Gospel stories, we see that Jesus often moved away from people in order to be alone with God in prayer, sometimes early in the morning when it was still dark. Prayer was his way of gaining balance and perspective and of renewing himself for God's work.

I encourage you and your family to consider developing your own ongoing prayer discipline. Begin and end each day with prayer. Spend quality family time in prayer. The most beautiful image of a family is found when loved ones pray for each other. Prayer keeps us close to the heart of God and close to each other. A praying family sticks together.

† **Prayer:** Thank you, O God, for reminding us of the importance of prayer. We recognize that prayer is the glue that keeps us together with you and with our loved ones. Guide us in our praying as we repeat the prayer our Lord taught his disciples to pray, saying: "Our Father, who art in heaven . . ."

부모와 자녀

한 십대 소년이 아버지에게 차를 하루 빌려 써도 되냐고 물었다. 아버지는 긴 머리를 자른다면 차를 빌려주겠다고 했다. 그러자 아들은 "예수님도 나같이 머리가 길었지 않았느냐?" 하고 재치 있게 대답하였다. 아버지는 아들의 말에 "그랬었지. 그리고 예수님 역시 차가 없이 걸어 다니셨지" 하고 응수하였다.

건강한 가족생활을 유지해 가는 것은 쉬운 일이 아니다. 자녀가 사춘기를 잘 보내고, 부모는 사춘기 자녀를 잘 이해하고 돌보아 주는 것이 우리의 과제이다.

많은 한인 교포 가정이 세대차이, 문화차이에서 오는 갈등을 겪고 있다. 부모와 십대 자녀간에 언어 소통이 잘 안되고 있다. 사도 바울이 다음과 같이 말하였다: "자녀들아 주 안에서 너희 부모에게 순종하라……네 아버지와 어머니를 공경하라……"(에베소서 6:1-2). 부모는 항상 자녀들이 잘 되기를 바란다. 마찬가지로 부모에게는 "자녀를 노엽게 하지 말고 오직 주의 교훈과 훈계로 양육하라" 하고 말하였다. 부모의 사랑과 기도로 양육된 자녀들은 하나님의 품에서 벗어나지 않는다.

✝기도: 하나님, 사랑하는 가족을 주셔서 감사합니다. 우리가 자녀나 혹은 부모님들과 함께 있을 때 말을 적게 하고 더 많이 들을 수 있도록 지혜를 주시옵소서. 주님을 저희 가정의 주인으로 모시고, 마음을 서로에게 열게 하시고, 특히 성령님께 저희 마음을 열게 인도하여 주시옵소서. 예수님의 이름으로 기도드립니다. 아멘.

Children and Parents

A teenage son asked his dad, "Dad, may I use your car today?" His dad said, "Yes, you may, but under one condition. You need to cut your hair." The son responded, hoping to outsmart his dad, "Jesus had a long hair like me, didn't he?" To that his dad said, "Yes . . . and Jesus had no car and walked as well."

Maintaining a good family life is a challenge. Going through the teenage years is a challenge, and so is parenting.

In many Korean American families, it is common to see signs of conflicts due to generational and cultural gaps. And there is a lack of communication between parents and teenage children. The Apostle Paul suggests that children need to have a basic respect for their parents and pay attention to what they have to say. Parents always wish only the best for their children. Likewise, parents are encouraged not to provoke their children to anger but raise them in the love and knowledge of the Lord. The children who have been raised by the love and prayers of their parents do not stray from the way of the Lord.

† **Prayer:** Thank you, God, for giving us our loved ones. Give us the wisdom to listen more and talk less when we are with our parents and children. Keep our hearts and minds open to each other, and especially to your Spirit, as we build our homes in which Christ is the head. In his name we pray. Amen.

선물로 주어진 다양한 언어

몇 년 전 아들아이가 10살이었을 때 말한 것이 생각난다. "엄마, 아빠, 내가 누구인가에 대해 곰곰이 생각해 보았는데 나는 한국 문화보다는 미국 문화에 더 많이 익숙해져 있다고 생각해요. 왜냐하면 영어는 유창하게 하는데 한국말은 점점 잘 못하기 때문이지요." 언어의 능숙함에 관계없이 대부분의 한인 교포들은 이중언어, 이중문화권 속에서 살고 있다. 세계가 하나의 지구촌이 되어감에 따라 두 가지 이상의 언어로 소통할 수 있는 능력은 실질적인 자산이자 재능으로 간주되고 있다.

오순절은 예수님이 약속하신 것처럼 주님을 따르는 무리에게 성령이 임하여 그들이 능력을 받음으로써 예수 그리스도의 교회가 탄생한 때이다. 성령이 급하고 강한 바람 같은 소리로 내려와서 각처에서 모여든 신자들에게 여러 가지 다른 언어로 말하고 기도할 수 있는 능력을 주었다. 예루살렘을 방문하고 있던 많은 사람들이 이 기이한 현상에 놀라움을 금치 못했다. 베드로는 이 사건을 통하여 예수 그리스도를 증거하였으며, 많은 사람들이 구원을 받았다.

언어는 하나님이 주신 선물이다. 다양한 문화와 언어의 배경을 가진 사람들이 거미줄과도 같이 아름답게 서로 연결되어 있다. 오순절 때 예루살렘에 성령이 강림하여 초기 신자들에게 능력을 줌으로써 세상 모든 사람들을 소집하여 교회를 탄생시켰다. 마찬가지로, 다양한 언어를 구사하는 능력을 선물로 받은 사람들은 오순절의 성령 안에서 하나님의 모든 백성을 연결시키는 사역에 부름 받고 있다.

✝기도: 하나님, 성령님을 내려 주셔서 예수 그리스도의 복음의 소식을 하나님의 사랑의 언어로 전할 수 있게 인도하여 주시옵소서. 우리의 이중언어와 이중문화의 정체성을 찬양하고 세상 모든 사람들을 더 가까이 모으는 데 쓸 수 있도록 도와주시옵소서. 예수님의 이름으로 기도드립니다. 아멘.

The Gift of Many Languages

A few years ago, when our son was about 10 years old, he said, "Mom and Dad, I have been thinking about who I am. I think I am more familiar with American ways than Korean ways. I am a Korean American who speaks English fluently and Korean less fluently although I am getting better at it." Regardless of language proficiency, most Korean Americans live in a bilingual and bicultural world. As the world is becoming more of a "global village," being able to communicate in more than one language is considered a real asset and gift.

Pentecost is the birthday of the Church of Jesus Christ, when the Holy Spirit came, as Jesus promised, down to the followers of Jesus and filled them with power. The Holy Spirit came with the sound like the rush of a strong wind and gave those gathered believers the power to speak and pray in many languages. Many who were visiting in Jerusalem marveled at this unusual phenomenon. Peter used this opportunity to make his witness to Jesus Christ, and many were saved.

Languages are a gift from God. Like a spider web, peoples of various languages and cultures are beautifully connected with each other. Through the work among the earlier believers in Jerusalem at Pentecost, the Holy Spirit brought all the peoples of the world together and gave birth to the Church. It is in the same spirit that those of us who are gifted with two or more languages are called to the ministry of bridge-building and networking among all God's peoples.

† Prayer: Send down your Holy Spirit on to your people, O God, so that we can spread the good news of Jesus Christ in your language of love. Help us celebrate our bilingual and bicultural identity and use it to bring all the peoples of the world closer together. In Jesus' name we pray. Amen.

우리의 결점을 들어 쓰시는 하나님

물을 길러 나르는 이에게 두 개의 동이가 있었다. 한 동이는 금이 가 있어서 물을 반동이 밖에 운반하지 못했고, 다른 동이는 완전하여서 항상 물을 가득히 운반하였다.

하루는, 시냇가에서 금이 간 동이가 물지는 이에게 말하였다. "내 자신이 부끄럽고 죄송합니다." "왜 그러느냐?" 물지는 이가 물었다. "지난 2년 동안 금이 있어 물이 새었기 때문에 단지 반동이 밖에 물을 나를 수가 없었습니다. 나의 이 단점 때문에 당신은 수고한 것을 다 거둘 수가 없었습니다."

물지는 이가 동정적으로 말했다. "우리가 주인집에 돌아갈 때 길가에 있는 아름다운 꽃들을 보아라." 그들이 언덕에 올랐을 때 오래되고 금이 간 동이는 길가에서 햇빛을 받고 있는 야생화들을 볼 수 있었다. 물지는 이가 동이에게 말했다. "꽃들이 다른 쪽에는 없고 오직 네 쪽의 길가에만 있는 것을 보았느냐? 내가 너의 결점을 알았기 때문에 그것을 유효하게 이용하였다. 네 쪽으로 난 길가에 꽃씨를 심었고, 매일 우리가 시냇가에서 집으로 돌아갈 때 너의 그 새는 물을 꽃에게 주었다."

우리 모두에게는 각각 결점이 있고, 우리는 모두 금이 간 동이와도 같다. 우리가 그것을 인정하고 받아들인다면, 우리는 그 결점으로 우리의 삶을 풍부하게 만들 수 있다. 하나님의 섭리 안에서는 헛된 것이 아무 것도 없다. 결점을 두려워하지 마라. 모든 것을 합하여 선을 이루시는 하나님은 우리의 결점을 아름다운 삶을 창조하는 데 쓰실 것이다.

✝기도: 하나님, 저희를 있는 그대로 받아주시고, 하나님의 사랑을 전하는 일에 저희를 불러 주셔서 감사합니다. 저희가 할 수 없는 일보다는 할 수 있는 일에 전념하도록 도와주시옵소서. 하나님의 창조적인 능력을 힘입어 우리의 약점이 삶 속에서, 봉사하는 데서 장점이 될 수 있도록 인도하여 주시옵소서. 예수님의 이름으로 기도드립니다. 아멘.

God at Work in Our Flaws

A water bearer had two large pots. One of the pots had a crack in it, and while the other pot was perfect and always delivered a full portion of water.

One day, the cracked pot spoke to the water bearer by the stream. "I am ashamed of myself, and I want to apologize to you." "Why?" asked the bearer. "I have been able, for these past two years, to deliver only half of my load because this crack in my side causes water to leak out. Because of my flaws, you don't get full value from your efforts." the pot said.

The water bearer, in compassion, said, "As we return to the master's house, I want you to notice the beautiful flowers along the path." Indeed, as they went up the hill, the old cracked pot took notice of the sun warming the beautiful wild flowers on the side of the path. The bearer said to the pot, "Did you notice that there were flowers only on your side of the path, but not on the other side? That's because I have always known about your flaw, and I took advantage of it. I planted flower seeds on your side of the path, and everyday while we walk back from the stream, you've watered them."

Each of us has our own unique flaws. We are all like the cracked pot. But if we allow it, our flaws are used to grace life's table. In God's great economy, nothing goes to waste. Don't be afraid of your flaws. God, who causes all things to work together for good, will create something beautiful out of your flaws.

†Prayer: Thank you, God, for accepting us as we are and calling us to your work of love. Help us focus more on "What you can do" rather than on "What we cannot do." Let us be open to your creative power so that in our weakness we may find your strength for our living and serving. In Jesus' name we pray. Amen.

아낌없이 주는 아버지의 사랑

이번 주에 우리는 아버지날을 맞이하게 된다. 성경에서 아버지의 사랑으로 가장 잘 알려진 이야기는 방탕한 아들에 대한 비유 일 것이다. 어떤 사람에게 두 아들이 있었는데 둘째 아들은 형이 모든 일에 우선권을 가지고 있는 것에 싫증이 났다. 그래서 그에게 돌아올 재산을 요구하여 먼 나라에 가서 허랑 방탕하게 그 재산을 다 허비하였다. 거지가 되어 떠돌아다니다가 그의 잘못을 깨닫고 집으로 돌아가기로 결심했다. 아버지가 둘째 아들이 멀리서 돌아오는 것을 보고 그에게 달려가 껴안아 맞이했고, 집에 돌아온 것을 환영하기 위해 큰 잔치를 베풀었다.

큰아들이 이 소식을 듣고 화가 났다. 아버지에 대한 그의 반응을 쉽게 바꿔 쓰면 다음과 같다: "이해가 안가요, 허랑 방탕하여 재산을 다 허비해 버린 동생을 어떻게 환영하며 살찐 송아지를 잡아 잔치를 베풀어줍니까? 그 동안 저는 노예처럼 열심히 일했지만 염소 새끼라도 주어 친구들과 즐기게 하신 일이 없으십니다." 큰아들의 말이 설득력이 있지만 아버지의 반응은 더 놀랍다: "애야 너는 항상 나와 함께 있으니 내 것이 다 네 것이다. 네 동생은 죽었다가 살아났으며 내가 잃었다가 얻었기로 우리가 즐거워하고 기뻐하는 것이 마땅하다."

이 비유는 우리에게 하나님의 사랑은 우리가 이해할 수 없는 것이고 또한 과분한 것으로 무조건적임을 깨닫게 한다. 이것은 정말 놀라운 은총이 아닐 수 없다. 우리는 잃었던 생명을 찾았고, 보지 못하였으나 광명을 얻었다.

✝ **기도:** 은혜가 충만하신 하나님, 당신의 놀라우신 사랑을 저희에게 항상 부어주시니 감사합니다. 하나님의 사랑에 힘을 입어 그 사랑을 실천하며 살아가는 저희들이 되도록 도와주시옵소서. 예수님의 이름으로 기도드립니다. 아멘.

The Father's Extravagant Love

This week, we celebrate Father's Day. Probably the best known story in the Bible about a father's love is the Parable of the Prodigal Son. The younger son gets tired of being second behind his older brother. So he claims his share of the property and travels to a distant country where he squanders all of it. After some period of living as a homeless person, he comes to realize his mistake and decides to go back home. When the father sees his son coming home from a distance, he runs over to him and welcomes him with open arms and throws a big welcome home party for him. The story could end here in a good note, but it continues.

The older brother hears about this and gets furious. To paraphrase his reaction to his father: "I don't understand it. How could you welcome your son who wasted all your money and throw a party for him with a fatted calf? All these years I have been working like a slave, yet you have not given me even a cheap young goat to have my own party with friends." He makes a convincing argument. But the father's response is remarkable: "Son, you are always with me, and all that is mine is yours. Your brother was dead and has come to life; he was lost and has been found. So, it is right that we rejoice and celebrate."

This Parable reminds us that God's love is unconditional beyond our deserving and comprehension. Truly, it is amazing grace. We were once lost but now are found; were blind, but now we see.

† **Prayer:** O our most generous God, your love overwhelms us. Thank you for reminding us that there is nothing in this world that can separate us from your amazing love. Help us live based on the power of your love today and always. In Jesus' name. Amen.

6·25 한국 전쟁을 기억하며

19 50년 6월 25일에 일어난 한국 전쟁은 1953년까지 3년 동안 계속되었다. 3년 동안의 열전 속에서 수백만 명이 목숨을 잃었고, 한반도 전체는 폐허가 되어 버렸다. 사실상 모든 가족들이 전쟁으로 인하여 상처를 입었고, 전쟁을 겪으면서 입은 마음의 상처들은 아직도 생생하게 남아있다. 휴전으로 남과 북이 갈라진 후, 전쟁 중에 피난민이 되어 헤어진 수많은 가족들이 언젠가는 다시 상봉할 것을 기다리고 있다.

남한과 북한은 아무런 평화협정도 체결하지 않은 채 아직도 전쟁중이나 다름없는 상태로 대적하고 있다. 남한과 북한 사이에 있는 비무장지대는 남북간에 군사적 충돌이 일어날 수 있는 위험지대로 남아있다. 남북한을 포함한 온 세계의 그리스도인들은 남북한의 평화 통일을 위해 기도하고 있다. 같은 민족끼리 서로에게 총과 미사일을 겨냥하며 적대시하고 있는 것은 가슴 아픈 일이 아닐 수 없다.

감사하게도 2000년 6월, 남북한 두 지도자가 평양에서 역사적인 만남을 가졌다. 그것은 한국 전쟁 이후 50년만에 처음 있는 일이었다. 이산가족의 상봉을 위해 일련의 회담이 진행되었다. 서로에 대한 의심이 상호신뢰와 협조로 바뀌었다. 평화통일을 향한 희망이 보인다.

"무리가 그들의 칼을 쳐서 보습을 만들고 창을 쳐서 낫을 만들 것"이라고 이사야 선지자가 전한다. 거의 반세기 동안 한민족을 갈라놓았던 벽을 허물고 조국 강산에 평화와 통일을 가져 올 때가 바로 지금이다.

✝기도: 하나님, 이제는 다시 전쟁을 하지 않도록 도와주시고, 서로 사랑하고 협조하며 살 수 있도록 인도해 주시옵소서. 예수님의 이름으로 기도드립니다. 아멘.

Remembering the "6·25" Korean War

T he Korean War broke out on June 25, 1950, and lasted for three years, until 1953. During these three years of heated war, hundreds of thousands of lives were lost, and the whole Korean peninsula was left in total ruins. Virtually every family was affected by it. Their emotional scars from war experiences are still too fresh to ignore. With the cease–fire, the Korean peninsula was divided into North and South Korea. Countless numbers of families had been separated during the war and are still waiting to be reunited with their lost loved ones.

Technically speaking, the two Koreas are still at war since no peace treaty has been signed. The DMZ (Demilitarized Zone) remains a critical place with a potential for another military conflict between them. Korean Christians in Korea and from all over the world have been praying for the peaceful reunification of the two Koreas. It has been heartbreaking to see the same people pointing their guns and missiles at each other as enemies.

Thanks be to God! It was a historical moment when the leaders of South and North Korea met in Pyong–yang in June, 1999. It was the first time in 50 years since the Korean War. There have been series of talks about the reuniting of families. Suspicion is replaced by mutual trust and cooperation. We see signs of hope.

"They shall beat their swords into plowshares, and their spears into pruning hooks," Isaiah spoke. It is time to break down the walls that have been separating our Korean people for almost a half–century and bring peace and unity in our beloved motherland.

† **Prayer:** God, help us not to have any war. Help us to love and care each other. In Jesus' name we pray. Amen.

하나님 안에서의 휴식

많은 사람들이 휴가 가는 것을 즐긴다. 우리는 하나님이 창조하신 아름다운 자연을 즐기기 위해 휴가 계획을 세우는데 산, 호수, 특히 바다와 같은 자연을 즐기게 된다. 휴가는 반복적인 일상생활에서 벗어나 새로운 경험을 할 수 있기 때문에 우리의 육체와 영혼에 유익하다.

출애굽기에서 우리가 볼 수 있는 십계명 중의 하나가 "안식일을 기억하여 거룩하게 지키라"는 것이다. 즉 하루를 쉬는 것이다. 휴가나 수양회를 가라. 하나님 안에서 쉬면서 여유를 갖자 . 많은 도움이 될 것이다. 하나님께서도 창조 7일째 되는 날에는 휴식을 취하셨다. 예수님도 사람들로부터 벗어나서 사역을 중단하고 휴식을 취하셨다.

하나님 안에서 휴식을 취하는 데 도움되는 몇 가지 사항을 생각해 보면 다음과 같다:

• 미리 계획을 세우고 필요한 것들을 준비하라.
• 모든 것을 다하려고 노력하지 말라.
• 휴가를 떠나기 전 휴식을 취하라.
• 행위와 존재를 위한 시간을 적절하게 분배하라.
• 날마다 하나님과의 기도 시간을 가져라.
• 물을 많이 마셔라.
• 음식이나 식당을 고르는 것을 포함하여, 휴가의 하루 활동 정도는 자녀들이 계획하도록 하라.
• 필요시 대안을 쫓아가도록 마음을 열어 놓아라.

휴식과 여유가 없이 일만 한다면 우리의 삶은 피곤해 질 것이다. 사랑하는 이들과 하나님 안에서 휴식을 취하고 즐기기를 바란다.

✝기도: 하나님, 우리 자신을 돌보도록 깨닫게 하시니 감사합니다. 하나님이 지으신 자연 속에서 휴식을 취할 수 있는 지혜를 주시고, 그리하여 우리가 하나님의 영광을 위하여 온전히 우리의 삶을 헌신할 수 있도록 인도하여 주시옵소서. 예수님의 이름으로 기도드립니다. 아멘.

가정예배서

A Time to Rest and Play in the Lord

One thing many people enjoy doing is going on vacation. We happen to enjoy nature—mountains, lakes, and especially the ocean—and we usually plan our vacation trips to enjoy God's wonderful creation. Vacation is good for our bodies and souls because it helps us change our pace and setting and opens us to new experiences.

One of the Ten Commandments we read in Exodus is, "Remember the sabbath day, and keep it holy." In other words, "Take a day off. Go on vacation or on a retreat. Rest and play in the Lord. It will do you a lot of good." Even God rested on the seventh day of creation. Jesus, too, took time away from people and his ministry.

Allow me to share with you some practical tips for your time of rest and play in the Lord:

• Plan ahead and make necessary arrangements beforehand.
• Don't try to do everything.
• Rest before you leave for vacation.
• Pace yourself to enjoy doing and being.
• Include a daily devotional time with God.
• Drink lots of water.
• Consider having each child/youth plan activities, including selecting food/restaurants, for one day.
• Be flexible in coming up with an alternative plan if needed.

Remember, work without rest and play makes us dull human beings. May you and your loved ones enjoy a time of rest and play in the Lord.

†Prayer: Thank you, God, for reminding us to pay attention to our self-care. Give us the wisdom to take time to rest and play in your graceland, so that we can fully live for your glory. In Jesus' name we pray. Amen.

생수가 되시는 예수님

앞으로 4주 동안은 예수님이 자신에 대하여 어떻게 말씀하셨는지에 대해 함께 생각해 보고자 한다. 이번 주 우리는 예수께서 자신을 생수라고 묘사하신 말씀을 생각해 보자.

여름에 우리는 많은 물을 소비한다. 날씨가 더워서 땀을 많이 흘리게 됨에 따라 우리 몸이 더 많은 물을 필요로 하게 되는데, 더운 날에는 한 잔의 찬물보다 그 이상 좋은 것이 없다.

예수님이 유다를 떠나 갈릴리로 가실 때 사마리아에 있는 수가라 하는 동네에 이르셨는데 그 때가 정오쯤 되었다. 목마르고 지친 몸으로 야곱의 우물 옆에 앉아 있으니 사마리아 여자 하나가 물을 길으러 나왔다. 예수께서 그녀에게 물을 좀 달라 하셨는데, 그 당시 유대인 남자가 사마리아 여인에게 말을 거는 것은 매우 드문 일이었다. 그들의 대화는 생수란 주제로 옮겨갔다. 예수님은 그녀에게 "이 (야곱의 우물에서 나는) 물을 마시는 자마다 다시 목마르려니와 내가 주는 물을 마시는 자는 영원히 목마르지 아니하리니 내가 주는 물은 그 속에서 영생하도록 솟아나는 샘물이 되리라" (4:3-14) 하고 말씀하셨다.

예수님 자신이 목마르고 지친 몸으로 물을 필요로 했을 때, 사마리아 여인이 영적으로 갈급해 있는 것을 보고 생수란 말로 희망을 주고 사역하신 것은 놀라운 일이 아닐 수 없다. 영생하도록 솟아나는 샘물이란 말은 힘과 희망이 넘치는 강력한 표현이다. 우리가 예수님 안에 거하는 한 영적 갈급함을 해소하기 위해 물을 찾지 않아도 된다. 우리 모두 예수님이 주시는 생명수, 즉 그 속에서 영생하도록 솟아나는 생수를 받아 마시는 자가 되기를 바란다.

✝ 기도: 예수님, 영생하도록 솟아나는 생수를 부어주시니 감사합니다. 날마다 우리가 생수로 청결하게 되고 양육됩니다. 당신이 주시는 생명수를 다른 사람들과 나누게 하셔서 그들 또한 예수님을 구주로 고백하고 당신 안에서 참된 삶의 기쁨을 갖게 하옵소서. 예수님의 이름으로 기도드립니다. 아멘.

Jesus, the Living Water

During this summer season, I am inviting you to reflect with me on Jesus' sayings about himself. This week we begin with Jesus describing himself as the Living Water.

We tend to consume more water during summer. The weather is hotter, we perspire more, and our bodies need to take in more water. There is nothing better than a glass of cold water on a hot day.

Jesus was at the Samaritan city of Sychar on his way to Galilee from Judea. It was about noon. He was sitting by the Jacob's well, tired and thirsty. A Samaritan woman came to draw water from the well. Jesus asked for a drink from her. It was very unusual for a Jewish man to talk to a Samaritan woman. Their conversation moved to the subject of living water. Jesus said to her, "Everyone who drinks of this water (from the Jacob's well) will be thirsty again, but those who drink of the water that I will give them will never be thirsty. The water that I will give will become in them a spring of water gushing up to eternal life."

It is amazing that while he was thirsty for water himself, he saw the spiritual thirst in the Samaritan woman and ministered to her with words of hope. "A spring of water gushing up to eternal life" is a powerful image filled with energy and hope. We know that we no longer need to look for water to quench our spiritual thirst as long as we are in the presence of Jesus Christ. May we receive this water from him—our best and eternal thirst quencher.

† **Prayer:** Dear Jesus, thank you for providing the living water gushing up to eternal life. We are cleansed and nurtured by it each and every day. Help us share your living water with others so that they too can confess you as Lord and Savior and have the joy of living in you. Amen.

생명의 양식이신 예수님

우리가 자랄 때 부모님께선 항상 "네 그릇에 있는 음식은 다 먹어야 한다. 가난한 나라에 사는 아이들을 생각해 봐라." 하고 말씀하셨다. 지금은 내가 내 아이나 다른 아이들에게 부모님이 하셨던 그 말씀을 그대로 하고 있다.

예수님은 "나는 생명의 떡이라"고 말씀하셨다. 예수님은 배고픈 자를 먹이시는 사역에 힘쓰셨다. 하루에 4천 또는 5천 명을 먹이신 적도 있다. 사람들이 예수님을 찾아내고 어디서 오셨느냐고 물었을 때 예수님은 "썩을 양식을 위하여 일하지 말고 영생하도록 있는 양식을 위하여 하라" 하고 말씀하셨다. 그리고 나서 유대인들에게 하늘로부터 "만나"를 주신 이는 모세가 아니라 하나님이었다는 것을 깨닫게 하시고 예수님을 하나님이 보내신 진정한 생명의 양식이라고 선포하셨다.

살아가는 데 기본적으로 필요한 것 중의 하나가 음식이다. 우리의 몸을 유지하고 움직이게 하기 위해서는 음식이 필요하다. 예수님이 자라나고 사역하신 중동에서는 빵이 가장 주가 되는 음식이었다. 만약 예수님이 한국이나 다른 아시아에 있는 나라에 계셨더라면, 나는 하나님이 보내신 "생명의 밥"이라고 말씀하셨을 것이다.

우리 교회는 몇 년 동안 집 없는 사람들과 가난한 사람들에게 음식을 나누어주고 있다. 또한 잘 곳이 없는 사람들에게는 교회 건물을 제공하여 편안히 잘 수 있게끔 해주고 있다. 이런 일들을 생명의 양식이신 예수님의 이름으로 하고 있다. 생명의 양식은 이웃과 함께 나누어야 한다.

✝기도: 예수님, 우리에게 큰사랑을 베풀어 주셔서 영육간에 강건하게 하시니 감사합니다. 저희들을 죄에서 구속하기 위해 십자가에서 돌아가신 그 크신 희생과 사랑을 깨닫게 하여 주시옵소서. 저희들이 예수님께 받은 새로운 생명과 큰사랑을 이웃과 함께, 특별히 헐벗고 굶주린 형제자매들과 함께 나누도록 인도하여 주시옵소서. 예수님의 이름으로 기도드립니다. 아멘.

Jesus, the Bread of Life

I grew up hearing my parents say, "Eat everything on your plate. Think of all the hungry children in poor countries." Now, I find myself saying the same thing to my child and other young people.

Jesus said, "I am the bread of life." Jesus was heavily involved in feeding ministry. He fed as many as five-thousand people in one day. And when people found him and asked where he came from, he told them to labor not for the food that perishes but for the food which endures to eternal life. He then reminded them that it was God, not Moses, who gave "manna" from heaven to the Hebrew people. And then, he claimed himself to be the true Bread of Life sent by God.

One of the basic necessities of life is food. Food sustains our bodies and enables us to function. Bread was considered the most basic food in the Middle Eastern culture in which Jesus grew up and did his ministry. In our Korean American food culture, rice plays the role of bread. If Jesus came to Korea or any other Asian country, he would have said, "I am the rice of life sent by God."

For the last several years, our local church has been serving dinner to the homeless and needy friends in our community. In addition, we have been providing overnight shelter at the church for those homeless friends who need a place to sleep in peace and comfort. We do these things in the name of Jesus, the Bread of Life. Jesus, the Bread and Rice of Life, is to be shared.

† Prayer: Thank you, Jesus, for feeding our bodies and souls with love. You gave up yourself so that we might be fed. Teach us to share your life and love with others, especially with our needy brothers and sisters in the world. In Jesus' name we pray. Amen.

선한 목자이신 예수님

시골 농장에 살고 있던 닭과 돼지가 도시에 사는 친구를 방문하기 위해 길을 떠났다. 도중에 배가 고파 "아침 특별 메뉴"라고 간판이 걸려 있는 음식점에서 아침을 먹게 되었다. 닭은 특별 메뉴인 햄과 계란 요리를 주문했는데, 돼지는 서둘러 음식점을 떠나 버렸다. 닭이 식사가 끝난 후 돼지를 쫓아가 "무슨 일이야? 배가 고프지 않아?" 하고 물었다. 화가 난 돼지가 대답했다: "이 친구야, 그 아침밥은 너에게는 계란 하나 주는 것에 불과하지만 나에게는 내 생명을 전부 내어주는 것이란 말이야!"

예수님이 자신을 선한 목자라고 말하셨을 때는 자신을 전적으로 희생하는 것을 의미하였다. "삯꾼은 목자가 아니요 양도 제 양이 아니라 이리가 오는 것을 보면 양을 버리고 달아나나니 이리가 양을 물어 가고 또 헤치느니라." 하지만 선한 목자는 양들을 위하여 목숨까지 버린다 (10:11-12).

이순신 장군은 "거북선"이라는 세계 최초의 잠수함을 설계하고 만들었다. 그는 한 격렬한 전투에서 일본 침략자들과 맞서서 싸우는 군인들의 사기를 북돋아 주기 위해 혼신의 힘을 다해 깃발을 흔들고 있을 때, 일본군이 쏜 화살에 맞아 쓰러졌다. 장군은 장교들에게 그가 화살을 맞은 것을 비밀에 붙이고, 다른 장교 한 명이 그 대신 깃발을 흔들도록 단호하게 말했다. 그들의 사랑하는 장군이 죽은 것도 모르고 군인들은 용감하게 싸워 전투를 승리로 이끌었다.

선한 목자는 양들의 이름을 모두 알뿐 아니라 그의 양떼를 위해 목숨까지도 버릴 만큼 전적으로 헌신한다. 우리들은 어떠한가? 우리는 선한 목자이신 예수님께 전적으로 헌신하는가? 아니면 약간 기여를 하는 것에 그치고 마는가?

✝기도: 우리의 선한 목자이신 예수님, 우리의 삶을 인도하여 주시니 감사합니다. 예수님께 온전히 헌신하며 항상 당신의 음성에 귀 기울여 순종하는 삶을 살도록 저희를 인도하여 주시옵소서. 예수님의 이름으로 기도드립니다. 아멘.

Jesus, the Good Shepherd

Have you heard the story about a hen and a pig that left their farm to visit their friend in the city? On their way, they decided to have breakfast at a nearby restaurant. They found a restaurant that had a big "Breakfast Special" sign in its window. The hen ordered the ham and egg breakfast special. But the pig left the restaurant in a hurry. The hen caught up with the pig and asked, "What's the matter? I thought you were hungry." In an upset tone the pig responded, "For you, pal, it's only contribution. But for me, it means total commitment."

When Jesus described himself as the Good Shepherd, he meant total commitment on his part. "The hired hand, who is not the shepherd and does not own the sheep, sees the wolf coming and leaves the sheep and runs away—and the wolf snatches them and scatters them." But, the good shepherd would lay down his life for the sheep.

There was a famous and most respected general by the name of Yi Soon—Shin. He is credited for designing and building the world's first submarine known as the "Turtle Ship." In one fierce battle against the Japanese invaders, an arrow hit him. He sternly told his officers to keep his grave situation confidential and to make sure that another officer took his place in waving the flag. Not knowing that their beloved general was dead, his soldiers fought bravely and won the battle.

The Good Shepherd knows his sheep by name and is totally committed to his flock, even with his own life. How about us? Are we totally committed to Jesus, our Good Shepherd, or are we merely giving him a token contribution?

†**Prayer:** What a blessing it is to be led by you, Jesus, our Good Shepherd. We commit ourselves totally to you and follow faithfully your voice today and always. Lead us on, our Good Shepherd. In your name we pray. Amen.

양의 문이신 예수님

서울에는 동대문, 서대문, 남대문으로 불리는 3개의 역사적인 문이 있는데 이씨 조선 때 수도 한양을 들어가고 나가는 통로 역할을 했다. 이 문들은 주변의 곧게 솟은 현대식 건물과 복잡한 교통과 어우러져 그 아름다움을 당당히 드러내고 있다.

우리가 문을 통해 들어오고 나가듯이 문은 무엇인가를 들여오고 내보내는 데 쓰여진다. 예수님은 스스로를 "양의 문"이라 칭하셨다. "내가 문이니 누구든지 나로 말미암아 들어가면 구원을 받고 또는 들어가며 나오며 꼴을 얻으리라"(10:9).

예수님 시절에는 마을에 양들을 한 곳에 모아 놓는 공동 양 우리가 있었는데 그것은 문이나 돌로 만들어졌다. 울타리가 쳐진 양 우리는 오직 하나의 문만을 통해 양이 들어가고 나가고 할 수 있었다. 밤에 목자는 문 옆에 누워 있으면서 문지기 노릇을 했다. 어떠한 양이나 사람도 그 목자의 몸을 건너가지 않고는 양 우리를 들어가고 나갈 수 없었다. 목자의 주의 깊은 경계로 도둑, 강도, 다른 야생 동물들로부터 그의 양들을 안전하게 지켰다. 아침이 되면 목자는 양들의 이름을 불러 우리 밖으로 인도하여 풀을 먹이었다.

예수님은 이런 비유를 들면서 자신을 구원에 이르는 문이라고 선포하셨다. 우리는 오직 예수님을 통해서만이 하나님의 나라, 하나님의 양 우리 안에 들어갈 수 있다. 요한복은 14:6에서 예수님이 말씀하셨다: "내가 곧 길이요 진리요 생명이니 나로 말미암지 않고는 아버지께로 올 자가 없느니라." 예수 그리스도가 우리의 길이요, 진리요, 생명이라고 고백한 것을 받아들이고, 그리스도를 통해 구원의 문에 이르고 은혜로운 하나님 나라에 들어가도록 하자.

✝기도: 하나님, 저희는 감사와 기쁨으로 구원의 문에 들어갑니다. 예수 그리스도의 구원의 기쁜 소식을 다른 사람들과 나누고 그들도 저희와 함께 구원의 문에 들어가게 격려할 수 있도록 도와주시옵소서. 예수님의 이름으로 기도드립니다. 아멘.

Jesus, the Gate

In Seoul, there remain three historical gates—namely the East Gate, West Gate, and South Gate—that used to serve as the entering and exiting points of "Han Yang"—the name of the old capital during the Yi Dynasty. These gates are proudly displaying their beauty in harmony with the modern high-rise buildings and traffic that surround them.

What is the purpose of a gate? To keep something in and other things out. We enter and exit through gates. Jesus called himself the gate for the sheep. "Whoever enters by me will be saved, and will come in and go out and find pasture."

During Jesus' time, there were gathering places for the sheep in the villages and towns—communal sheepfolds made of hatches or stones. Only one opening was available in the fenced sheepfold by which the sheep could go in and out. The shepherd would lie down in that opening at night and function as a gatekeeper. No sheep or human could enter or exit except over his body. Under his watchful eyes, he would protect his flock from thieves, bandits, and other undesirable wild animals. In the morning, he would call his flock by name and lead them out into the open space in search of green pastures.

Using this analogy, Jesus in fact proclaims that he is the gate of salvation. It is only through him, we will enter the kingdom of God—God's sheepfold. In John 14:6, Jesus said, "I am the way, and the truth, and the life. No one comes to the Father except through me." Let us confess Jesus Christ as our way, our truth, and our life. Let us enter through him, the gate of salvation, into God's graceland today.

† Prayer: We enter the gate of salvation with joy and thanksgiving, O God. Help us today to share the Good News of our Lord Jesus Christ with others and to encourage them to enter it with us as well. In Jesus' name we pray. Amen.

포도나무와 가지

예 수님은 우리와 예수님, 하나님과의 관계를 포도나무에 비유해서 설명하셨다. 예수님은 "내 안에 거하라 나도 너희 안에 거하리라……나는 포도나무요 너희는 가지라……"(요한복음 15:4-5) 하고 말씀하셨다. 우리는 나뭇가지가 영양분을 받고 성장하여 열매를 맺기 위해서는 포도나무에 연결되어 있어야만 한다는 것을 안다.

우리는 한국계 미국인이자 그리스도인으로서 미국에 살고 있다. 그러므로 우리는 문화적인 나무와 영적인 나무라는 두 개의 중요한 나무에 그 뿌리를 두고 있다. 첫 번째는 미국에 살고 있는 한국계 미국인으로서 이중문화를 받아들이고 있다. 이중문화가 때때로 우리에게는 혼돈을 가져오기도 하지만, 다민족과 다문화가 섞여 있는 미국 사회에서는 우리를 풍요롭게 해준다. 우리는 대부분이 이중언어와 이중문화 속에서 살아가고 있는데, 그것을 하나의 자산이나 하나님께로부터 오는 선물이라고 생각해야 한다. 두 번째는, 우리는 예수님을 포도나무로 둔 가지가 된 그리스도인이다. 예수님은 우리의 정체성과 믿음의 근원이 되신다. 예수님을 통해서 우리는 영육간에 힘을 얻을 수 있다.

"그가 내 안에, 내가 그 안에 거하면 사람이 열매를 많이 맺나니……"(15:5). 우리가 한인 교포로서의 정체성을 예수 그리스도 안에서 발견하고 경축하며 예수님 안에 끊임없이 거한다면, 하나님은 우리를 우리 자신과 이웃들에게 많은 열매를 맺는 큰 도구로 쓰실 것이다. 열매 맺는 그리스도의 제자들! 이 얼마나 가슴 벅찬 말인가!

✝ 기도: 하나님, 저희만의 특유한 문화적, 영적인 정체성을 선물로 주셔서 감사합니다. 우리만이 가지고 있는 이중문화와 이중언어의 특유성을 감사와 기쁜 마음으로 받아들이도록 도와주시옵소서. 무엇보다도, 우리 삶의 궁극적인 근원이 되신 예수 그리스도 안에 거하도록 인도하시고, 많은 열매를 맺음으로 당신께 영광 돌리는 삶을 살 수 있도록 도와주시옵소서. 예수님의 이름으로 기도드립니다. 아멘.

The Vine and Branches

J esus compared our relationship with him to a vine and its branches. He said, "Abide in me as I abide in you. I am the vine, you are the branches . . ." (John 15:4-5). We know that tree branches must be connected to the vine in order to receive nourishment to grow and bear fruit. Otherwise, the branches will wither away and die.

We are Korean American Christians. It means we, the branches, are connected to two important vines—one is our cultural vine, and the other is our spiritual vine. First, as Korean Americans, we receive cultural affirmation and nourishment from our Korean and American traditions. Our dual cultural identity can be challenging at times because of its potential cultural tension within us, but it enriches us as cultural bridge-builders in our multi-ethnic and multi-cultural society. Many of us are bilingual and bicultural persons, and we should consider it a real gift and asset. Secondly, we are Christians whose vine is Jesus Christ. He is the source of our ultimate idenity and faith. From him, we draw strength.

"Those who abide in me and I in them bear much fruit . . ." (15:5). If we can celebrate our Korean American Christian identity in Jesus Christ and abide in him constantly, then I am sure that God will use us mightily to bear much fruit for ourselves and others. Fruit bearing disciples of Christ! What a concept!

†**Prayer:** Thank you, God, for gifting us with our unique cultural and spiritual identity. Help us connect with our Korean American vine with joy and thanksgiving. Most of all, guide us to connect with Jesus Christ, our ultimate Vine, in each moment of our lives so that we may bear much fruit for your glory. In His name we pray. Amen.

세상의 빛이신 예수님

19 45년 8월 15일은 한국이 일본의 식민지 통치 하에서 해방이 된 날이며, 또한 아시아에서 제2차 세계대전이 공식적으로 끝난 날이기도 하다. 36년 동안 우리 선조들은 고통과 수치심으로 가득 찬 어두운 나날을 보냈다. 애굽 왕 밑에서 강제로 노예생활을 하며 고난을 겪은 이스라엘 백성들이 하나님이 세우신 민족 지도자 모세를 통해 해방된 이야기가 우리와 비슷하다. 한국이 해방되어 독립한 날, 우리 선조들은 다시 한번 빛을 보았다.

예수님이 말씀하시길 "나는 세상의 빛이니 나를 따르는 자는 어둠에 다니지 아니하고 생명의 빛을 얻으리라" (8:12) 하셨다. 우리는 예수님의 제자로서 빛의 자녀이며, 예수님의 빛과 사랑 안에서 살고 있다. 하나님께 감사드린다.

요즈음 우리는 북한 사람들이 기아와 영양실조, 병으로 고통을 당하고 있다는 소식을 전해 듣고 있다. IMF 위기로부터 회복을 하고 있는 상태인데도 불구하고, 남한 사람들은 여전히 호사호식을 즐기고 있는 것을 보면 기이한 일이 아닐 수 없다.

우리는 과거의 역사와 정치적 이념의 차이를 초월해서 세상의 빛이신 예수님의 눈으로 지금의 상황을 바라보아야 한다. 북한의 굶주리는 사람들을 위해 국수 공장을 세우고 모금 운동을 하는 것은 예수님의 빛을 나누는 구체적인 방법이다. 한반도 전체의 완전한 해방은 아직도 우리가 이루어야 할 과제로 남아 있다. 세상의 빛이신 예수께서 우리가 감당해 낼 수 있도록 인도하시리라 확신한다. 예수님의 사랑과 생명의 빛이 남한과 북한 그리고 온 세계에 항상 비추기를 원한다.

✝기도: 사랑의 하나님, 오늘날 우리가 빛의 자녀로서 살아가도록 인도하여 주시옵소서. 세계의 어두운 곳에 빛을 밝히고 예수님 이름으로 진정한 의미의 해방을 가져오는 데 우리의 손과 발을 사용하여 주시옵소서. 예수님의 이름으로 기도드립니다. 아멘.

Jesus, the Light of the World

August 15, 1945, was the day when Korea was finally liberated from Japanese colonial rule and was also the day when World War II officially ended in Asia. For 36 years, our Korean ancestors had lived in the darkness of pain and humiliation. We can easily relate to the Israelites who had been suffering from their forced slavery by the Egyptian Pharaoh and to their story of liberation by God's chosen servant, Moses. The day of liberation and independence for Korea was the day when our Korean ancestors saw the light once again.

Jesus said, "I am the light of the world. Whoever follows me will never walk in darkness but will have the light of life." As follower of Jesus Christ, we are the children of light. We live in his light of love and light. Thanks be to God.

We hear of countless deaths, sickness, malnutrition, and horrible suffering of our people in North Korea.

We need to transcend our past history and political ideological differences and look at this situation through the eyes of Jesus, who is the light of the world. Raising funds to build noodle factories to feed the hungry in North Korea is a tangible way of sharing Jesus with them. The full and complete liberation of the Korean peninsula is yet to be realized, and we can be confident that Jesus, the light of the world, will guide us to make it happen. May his light of love and life shine upon both Koreas and the world today and always.

† Prayer: Loving God, what does it mean to live as your children of light today? May we use our hands and feet to bring your light into the dark places of the world and to bring your true liberation in the name of Jesus Christ, our light of the world. Amen.

부활과 생명이신 예수님

내 여동생 티나가 갑자기 죽었다는 소식은 너무 충격적이었다. 37 살밖에 안됐는데 죽다니, 믿어지지가 않았으나 사실이었다. 다음날 호놀룰루로 향하는 비행기 안에서 슬픔과 죄책감으로 교차된 마음으로 지나간 많은 일들을 생각했다. 가족이 처음 서울에서 호놀룰루로 이민 오던 날, 호놀룰루 비행장에 도착했을 때 놀라움에 가득 찬 얼굴로 나를 따라오던 어린 소녀였던 여동생, 노래와 춤을 좋아하여 온 가족에게 웃음과 즐거움을 주었던 멋쟁이, 가족을 사랑했고 너그럽고 따뜻한 마음을 소유했던 그녀였다. 장례식 순서에서 내가 말할 차례가 되었을 때, 눈물이 앞을 가려 준비한 메모조차 볼 수 없었다.

장례식이 끝나고 며칠 후에 편지 한 통을 받았는데 죽은 여동생 티나가 보낸 것이었다. 죽기 하루 전에 보낸 것이었다. 우환으로 제대로 쓰지는 못했지만 오빠에 대한 깊은 사랑과 오빠를 얼마나 자랑스럽게 생각하는지를 충분히 느낄 수 있었다.

우리는 모두 죽음으로 인해 사랑하는 사람을 잃게 된다. 죽음은 우리 인생에서 피할 수 없는 것이며 아무리 미화시키려 해도 가슴 아픈 현실인 것이다. 우리는 죽음을 받아들이고 이에 대처하는 법을 배워야 한다.

요한복음을 보면, 예수님은 남동생 나사로를 잃고 슬퍼하고 있는 마리아와 마르다를 위로하러 베다니로 가셨다. 슬픔에 젖어 있는 이 두 자매에게 예수님은 말씀하셨다. "나는 부활이요 생명이니 나를 믿는 자는 죽어도 살겠고 무릇 살아서 나를 믿는 자는 영원히 죽지 아니하리니 이것을 네가 믿느냐" (11:25-26). 우리의 믿음은 부활과 생명이신 예수 그리스도 안에 있다. 예수 그리스도 안에서 영생에 대한 희망과 하나님의 약속이 있다.

✝기도: 우리의 과거, 현재, 미래 속에서 부활과 생명이 되신 예수님, 우리의 삶을 온전히 당신께 맡기옵나이다. 우리의 고통과 슬픔을 걷어 가시고 영생을 약속하신 주님의 은혜를 감사하며 살아가게 인도하옵소서. 예수님의 이름으로 기도드립니다. 아멘.

Jesus, the Resurrection and Life

The news about my younger sister Tina's sudden death was devastating. I thought to myself, "It can't be. She is only 37." But it happened. The next day, I flew out to Honolulu with mixed feelings of sorrow and guilt. On the plane, I thought of many memories associated with her—the young girl who followed me down from the airplane with awe on her face when we first arrived in Honolulu from Seoul, the stylish entertainer of the Cho family who loved to sing and dance, the generous heart who loved her family, and so on. When it was my turn to speak at her funeral service, I just lost it. I had prepared a note, but the constant flow of tears blocked my eyesight.

A few days later, I received a letter. It was from my sister Tina. Apparently, she sent her last letter to me one day before she died. Although she couldn't write a comprehensive letter due to her ailment, I could feel her deep and abiding love for her older brother and how proud she was of me.

All of us lose our loved ones by death. Death is an unavoidable part of life. No matter how much we try to sugarcoat it, death is a reality. We must learn to accept it and deal with it.

In the Gospel of John, we read that Jesus went to Bethany to minister to Mary and her sister Martha who had just lost their brother Lazarus. To these grief-stricken sisters, Jesus said plainly, "I am the resurrection and the life. Those who believe in me, even though they die, will live, and everyone who lives and believes in me will never die. Do you believe this?" Our faith is in Jesus Christ, who is the resurrection and the life indeed. In him, there is hope and promise for eternal life.

† Prayer: Dear Jesus, we place our complete trust in you, for you are the resurrection and the life for those who have gone before us, for those of us who are present, and for those who come after us. Lift us up from our grief and let us live in your promise land of eternal life. In your name we pray. Amen.

알파와 오메가이신 예수님

요 한계시록의 말씀은 요한이 밧모 섬에서 하나님께로부터 받은 계시이다: 주 하나님이 이르시되 "나는 알파와 오메가라 이제도 있고 전에도 있었고 장차 올 자요 전능한 자라 하시더라" (1:8). 알파와 오메가는 희랍어 알파벳의 첫 번째와 마지막 글자로 영어의 A와 Z과 같다. 이 말씀에서 우리는 예수 그리스도가 태초부터 존재했고, 지금은 물론 이 세상에 종말이 올 때까지 계속해서 우리와 함께할 것을 약속하는 것을 볼 수 있다. 끝없이 광대한 우주 속에서 하나님이 우리의 과거, 현재, 미래를 책임지고 있다는 사실은 큰 축복이라하겠다.

"나는 알파"라는 말은 예수님이 생명의 시작임을 확언한다. 한민족의 단군 신화를 비롯해서 여러 민족들의 건국 신화들은 이 세상의 시작에 대해 흥미진진하게 말해 주고 있다. 그런 신화들은 개인의 삶과 총체적인 인류사의 시작을 그리스도의 영과 연결하도록 하는 길잡이가 되어 준다. 예수님 안에서 생명이 시작되었고, 예수님 안에서 매일아침이 새로운 시작이 된다.

"나는 오메가"라는 말은 예수님이 생명의 끝임을 선포하는 것이다. 예수님은 창조주이신 하나님과 함께 생명의 창조주이시자 우리의 믿음을 완성하시는 분이다. 언제, 어떻게 세상의 종말이 올 것인가에 대해 수많은 학설이 나오고 연구가 이루어졌다. 하지만 기독교인으로서우리는 더 중요한 질문을 떠올릴 필요가 있다: 예수님이 오셨을 때우리가 예수님 보기에 합당한 일을 하고 있다고 말씀하실 것인가?

✝ 기도: 하나님, 삶을 이해하는 우리의 시각을 넓혀 주시니 감사합니다. 당신은 알파와 오메가로서 생명의 처음과 마지막이며, 시작과 끝이 됩니다. 당신은 우리의 삶을 완성하시는 분입니다. 세상이 끝날 때까지 우리와 함께 하신다는 당신의 약속 위에 소망을 두고 예수 그리스도의 제자로서 부름 받아 맡겨진 일들을 충실히 할 수 있도록 도와주시옵소서. 예수님의 이름으로 기도드립니다. 아멘.

Jesus, the Alpha and Omega

The words of revelation came to John on the isle of Patmos: "I am the Alpha and the Omega, says the Lord God, who is and who was and who is to come, the Almighty." The words *alpha* and *omega* come from the first and last letters of the Greek alphabet, so it can be paraphrased as "I am the A and Z." Here, we see Jesus Christ, who was present from the beginning of time, promising us his continuing presence in the now and until the end of time. We see the all-encompassing presence of God. In the vast space of the universe, it is a blessing to know that we have a God who is in charge of our life in its totality, our past history, and our future unknown destiny.

"I am the Alpha" affirms that Christ is the beginning of life. The myths of various peoples about the beginning of the world, including the Korean peoples version of the "Dan Gun" story of creation, are fascinating. They guide us to connect the beginning of our individual lives and collective human history to the person and spirit of Christ. In Christ, we had our beginning. In him, every morning is a new beginning.

"I am the Omega" proclaims that Christ is the end of life. He, who was the author of life with God the Creator, is the finisher of our faith. So much talk and study have been done on when and how the end of the world will come. But the more important question we need to raise as Christians is: Will he find us doing the right thing when he comes?

† Prayer: Thank you, God, for expanding our understanding of life in your time frame. You are the Alpha and the Omega, the beginning and the ending, the first and the last. We see completion in you. In the confidence of your promise that you will be with us until the end of time, help us to be faithful in doing what you have called us to do as disciples of Jesus Christ. In his name. Amen.

하나님을 위한 노동

노동절을 포함한 이번 주말은 여름이 끝나고 가을이 시작됨을 알려 주는 주말이다. 달란트의 비유는 받은 은사를 하나님 나라를 위해 활용해야 함을 말해 주고 있다. 우리 모두는 하나님으로부터 각자의 달란트를 받았다. 우리가 받은 달란트를 잘 선용하면 많은 열매를 맺으며, 우리의 삶은 더욱 풍요로워진다. 이것은 마치 본문 말씀의 다섯 달란트와 두 달란트를 받은 충성된 종이 지혜롭게 장사하여 재산을 두 배로 늘린 것과 같다. 우리에게는 숨겨져 있어서 발견되지 않고 쓰여지지 않는 달란트가 있다. 일반적으로 사람들은 자기 지능의 5%만을 사용하는 것으로 알려져 있다. 많은 사람들이 아주 적은 양의 운동을 하면서 장수하기를 바란다. 대부분의 시간과 체력을 일에 바치고 결혼생활이나 가족생활을 향상시키는 것에는 신경을 별로 안 쓰면서 행복한 가정생활을 해나가길 바란다.

하나님께서 주신 시간과 재능을 어떻게 쓰느냐가 중요하다. 하나님께서 우리의 재능을 주셨다고 고백한다면, 하나님이 우리의 삶을 계획하고 이끌어 가시는 분임을 믿고 살아야 한다. 우리 안에 잠재되어 있는 재능은 발견되고, 개발되고, 쓰여져야 한다. 하나님의 인도로 우리가 숨겨진 재능을 찾아내고 사용함으로써 새로운 가능성과 기회 속에서 하나님께 영광 돌리는 삶을 산다는 것은 생각만 해도 가슴 설레는 일이다.

✝기도: 우리의 시간과 재능의 공급자 되신 하나님, 당신이 우리 삶의 주재자 되심을 깨닫게 하시고, 하나님 나라를 위해 수고하여 많은 열매를 맺도록 인도하여 주시옵소서. 우리에게 잠재해 있고 숨겨져 있는 재능을 발견하고, 개발하여 하나님 나라를 위해 쓸 수 있도록 도와주시옵소서. 하나님과 하나님 나라를 위해 수고할 수 있는 특권을 주셔서 감사를 드리며, 예수님의 이름으로 기도드립니다. 아멘.

Labor for God

This week includes the Labor Day weekend, which signals the end of summer and the beginning of the fall season. The Parable of the Talents is about laboring for God. Each of us has been given certain talents from God. We use those more obvious talents well, bear much fruit, and move our life forward, just like the wise and hardworking servants in today's Gospel story. They received respectively five and two talents from their master and traded them wisely and doubled their income for their master. Then, there are certain talents that are hidden within us and thus left undiscovered and unused. It has been observed that an average human being utilizes only 5% of his or her I. Q. Many of us exercise at the barebone minimum level and still wish for a long healthy life. So often we devote most of our time and energy to work and give very little attention to nurturing our marriage and family, and yet we expect to have a happy family.

It is a matter of stewardship with our God—given time and talents. If we confess God as the giver of our gifts and talents, then we need to invite God to be the master planner and designer of our lives. The hidden talents within us are aching to be discovered, developed, and deployed. Let's let God point them out to us and take us to a land of new creative living. It is exciting to live in new possibilities and opportunities for God's glory.

† **Prayer:** Our God of time and talents, give us the wisdom to recognize you as the master designer of our lives so that we can labor and bear much fruit for you. Help us to tap our potential and hidden talents and develop them and put them to good use for your glory. Thank you for the privilege of laboring for you and your kingdom. In Jesus' name we pray. Amen.

하나님께로부터의 소명

우리 각 사람에게는 하나님의 특별한 계획과 목적이 있다. 하나 님께 부름 받은 나의 이야기를 여러분과 나누고 싶다. 하와이 에서 십대 소년이었을 당시, 내가 다니던 교회의 담임목사님과 평신 도의 도움으로 나의 믿음은 눈에 띄게 성장했다. 중고등부를 새로 조 직하는 것을 도왔는데 사람들은 나의 지도력을 인정해 주었다. 그 당 시 부모님들은 결혼생활에 심각한 문제가 있었고, 서로의 관계를 재 정립하고자 별거를 하기로 결정하셨다. 나에게는 무척 힘든 상황이었 고, 특히 장남으로서 부모님의 별거에 책임감을 느꼈다. 학교 가기 전 교회에 들러 부모님과 가족을 위해 거의 매일 아침 기도를 하였다. 하 나님은 이런 힘든 상황을 통해서 나에게 기도하는 훈련을 시키셨다. 하나님의 은혜로 부모님은 1년 후에 다시 자녀들과 가정을 이루셨다. 나는 하나님께 헌신해야겠다는 강한 의지를 느꼈다. 그후 구역회에서 감리사님은 중고등부에 관한 나의 보고를 들으셨고, 그의 사무실로 나를 불러 사적인 대화를 나누셨다. 한 시간 이상 나의 이야기를 듣고 나서 감리사님이 말씀하셨다. "브랜던, 너는 훌륭한 목사가 될거야." 그의 한 마디가 나의 삶의 방향을 바꾸었다. 그 당시 나는 의사가 되 든지 의료 선교사업을 하려고 마음먹고 있었다. 16살 때 나는 하나님 이 나에 대한 소명은 영혼의 의사가 되는 것이라고 결정하였다.

하나님은 걱정 많고 불안정한 청년 예레미야를 부르셨다. 하나님은 신비로운 방법으로 우리를 부르신다. 하나님이 우리에게 소명을 주실 때는 그 일을 감당할 수 있는 능력도 함께 주신다. 하나님은 우리 안 에서 우리를 통해서 일을 하시므로 우리가 할 일은 하나님이 우리를 통해서 일 하시도록 주시는 소명을 받아들이는 것이다.

✝기도: 하나님, 거룩하고 값진 소명을 통해서 다른 사람들을 섬길 수 있는 기회를 주시니 감사합니다. 저희를 부르시는 하나님의 음성을 들을 수 있도록 늘 깨어 있게 하시고, 저희 안에서 살아 움직이시는 성령님을 체험하도록 인도하여 주시옵소서. 예수님의 이름으로 기도 드립니다. 아멘.

God's Call

Each of us has been called by God for a specific reason and purpose. May I share with you my call to the ordained ministry in the Church? When I was a teenager growing up in Hawaii, my faith grew tremendously with the help of my pastor and other laity of the church. I helped organize a new youth group in the church and people took notice of my leadership ability. At that time, my parents had a serious marital problem and decided to try separation to reassess their relationship with each other. I took it hard, and as the oldest child in the family, I felt responsible for their separation. I prayed for my parents and family in church almost every morning before I went to school. The Lord used this time to train me in my prayer discipline. By the grace of God, my parents were reunited after a year's separation. I felt in me a strong desire to serve God. Then, I met my District Superintendent who heard my youth group's report at the annual church conference and subsequently invited me to his office for informal dialogue. After listening to my story patiently for over an hour, he said to me, "Brandon, I think you will be a good pastor." That one sentence changed the course of my life. I was seriously thinking of becoming a medical doctor or a medical missionary. At the age of 16, I decided that the call of God for me was to become a "soul doc."

God calls Jeremiah who is an apprehensive and insecure young man. God's call is mysterious and unpredictable. Yet when God calls us, God is ready to equip us to fulfill our mission. It is God who works in us and through us, and our main job is to let God.

† Prayer: You call us to be servants of all, and each call is holy and precious. Keep us alert to hear your voice and recognize the nudging of the Spirit within us. In Jesus' name we pray. Amen.

협동 정신

건전하고 행복한 가정생활을 하기 위해서는 가족이 서로 연결되어 있다고 느끼면서 하나의 팀으로 일해야 한다. 예수 그리스도는 머릿돌이 되시며 그 안에서 가족 구성원이 서로 연결되어 가정을 형성한다. 따라서 그리스도인의 가정은 함께 일하며, 즐기고, 봉사하는 그리스도를 중심으로 모신 하나의 팀이다.

가정에서 협동정신을 증진하는 데 도움이 되는 다섯 가지 교훈이 있는데, 이것은 V자 형으로 날아다니는 기러기 집단으로부터 배운 것이다.

1. 기러기 떼가 V자 형으로 날아갈 때 모든 기러기가 날개를 저어가는데, 앞에 가는 기러기가 공기를 들어줌으로써 뒤에 오는 기러기는 혼자 날 때보다 71%의 힘이 덜어진다.

2. 한 기러기가 V자 형에서 이탈되면 공기의 저항으로 더 힘이 들어감을 느끼고 들어주는 힘을 이용하려고 재빨리 V자 형 속으로 돌아온다.

3. 제일 앞에서 날아가던 기러기가 지치게 되면 제일 뒤쪽으로 가고 다른 기러기가 그 자리로 들어간다.

4. 뒤쪽에 있는 기러기들은 앞쪽에서 날고 있는 기러기들에게 속도를 유지하고 체력을 잃지 말라고 울음을 울어 격려한다.

5. 기러기가 병이 들거나 부상을 당했을 때는 다른 두 기러기가 V자 형에서 이탈하여 그 기러기를 땅에 데려다 놓고 그 기러기가 다시 날아 갈 수 있을 때까지 또는 죽을 때까지 함께 있다가 다른 기러기 떼가 오면 날아가 합세한다.

✝기도: 하나님, 우리 가정이 필요로 하는 것은 예수 그리스도를 위하여 하나의 팀으로 일하는 것입니다. 가족 구성원 한 사람 한 사람이 서로에게 사랑으로 연결되어 있음을 느끼고 우리의 머릿돌이 되신 예수 그리스도 안에서 행복한 가정을 만들기 위해 우리의 맡은 바 일을 기쁨으로 할 수 있도록 도와주시옵소서. 예수님의 이름으로 기도드립니다. 아멘.

Teamwork

In order to have a happy and healthy family, each person needs to feel connected with other members of the family and work as a team. Christ is the cornerstone and in him the whole family structure is joined together. Then each Christian family becomes a Christ-centered team, working, playing and serving Christ together.

In order to enhance the team spirit in your family, I offer the following five lessons from the geese that often fly in the V formation:

1. When geese fly in formation, each bird flaps its wings, creating an "uplift" for the bird following it, adding 71 percent more flying range than if each bird flew alone.

2. Whenever a goose moves out of formation, it feels the drag and resistance of trying to fly alone and quickly returns to formation to benefit from the "lifting" power.

3. When the lead goose gets tired, it rotates back in formation, and another goose flies to the point of position.

4. The geese in formation honk from behind to encourage those up front to keep up their speed and strength.

5. When a goose gets sick or wounded, two other geese drop out of formation and follow the sick one to the ground, stay with it until it can fly again or dies, and launch out to find another formation and rejoin their own flock.

†**Prayer:** Working as a team for Christ is what our family needs, O God. May each of us feel a loving connection with each other and experience the joy of doing our part to make it a happy family in Christ Jesus, our chief cornerstone. In his name we pray. Amen.

맥추절

맥추절은 이스라엘 민족이 지키는 중요한 연중행사 중의 하나이다. 한국에서는 음력으로 8월 15일 추석을 지내는데 양력으로는 9월 중순경이 된다. 한국의 시골에서는 농사가 중요한 생업이었다. 씨를 뿌리고, 물을 주고, 열심히 농사 지은 후에 오는 추수 때에는 농부들에게 큰 기쁨을 가져다주었다.

가을에 추수기가 되면 마을 사람들과 가족들이 모여 함께 추석을 보냈다. 조상에게 풍년을 감사하는 예배를 드리기 위하여 많은 음식을 정성껏 준비하였다.

잔치 상은 온갖 색깔의 맛있는 음식들로 가득하였고 음료수도 넘쳐났으며, 서로 아낌없이 나눠먹는 푸근한 온정이 오고 갔다. 마을 전체가 춤추고 노래하였다. 젊은이들은 씨름을 하여 힘을 겨루었는데, 1등에게는 상금으로 살찐 황소 한 마리가 주어졌다. 밝고 둥근 보름달 아래에서 젊은 여인네들은 강강수월래 노래를 부르며 크게 원을 돌면서 춤을 추었다.

오늘 본문에 보면, "맥추절을 지키라 이는 네가 수고하여 밭에 뿌린 것의 첫 열매를 거둠이니라"(23:16) 하였다. 기쁜 마음으로 수고하고 하나님의 은혜로 열매를 맺을 수 있게 하시니 감사할 따름이다. 추석에 우리는 차고 넘치는 축복을 내려주시는 관대하신 하나님을 만난다. 성령 안에서 우리는 이웃과, 특히 가난하고 굶주린 사람들과 아낌없이 주고 나눔으로써 하나님의 축복을 나눌 수 있다.

✝기도: 사랑과 자비가 풍성하신 하나님, 수확의 계절을 맞이하여 우리의 감사를 받아 주옵소서. 자격이 없는 저희에게 주신 모든 축복을 감사드리며 하나님께 찬양과 경배를 드립니다. 또한 이 수확의 계절에 우리의 수고를 통하여 많은 영혼이 구원받고 거듭나기를 간절히 원하옵나이다. 예수님의 이름으로 기도드립니다. 아멘.

Your Attitude Is the Key

How do you describe today's youth? Some say they are eating machines, full of energy, moody, creative, rebellious, honest, independent and dependent at the same time, extreme, and hopeful. I happen to believe that our youth are the generation of today, and not tomorrow. What they think and do matter to us here and now.

Prophet Isaiah understood well the youth of his time. He noted that even youth, with all that energy they have, will faint and be weary, and the young will fall exhausted. Living as Korean American youth in the United States brings unique joys and challenges. While enjoying a creative living between two cultures, they often grow weary by constant pressures in and outside of their homes. I know of one young second-generation pastor who reaches out to those worn-out youth and young adults with the phrase, "I know what you are going through." His ministry of understanding is drawing many young Korean Americans to the church he is serving.

When it comes down to it, it is the matter of attitude. Your attitude is the key for a vital living. The attitude of waiting for the Lord, according to the prophet Isaiah, shall renew our strength. We can be like eagles, mounting up our wings and flying again, renewing our bodies, minds, and spirits. Our attitude will determine our altitude.

† Prayer: Dear loving God, give us the wisdom to wait for you in times of need. Help us rest in you and draw new strength from you. Keep us ever mindful of the vision of an eagle inside of us during our living and serving. In the name of Jesus, our source strength, we pray. Amen.

너희가 섬길 자를 택하라

이번 주에 맞이하는 개천절은 한국이 건국된 것을 기념하는 날인
데, 개천(開天)은 "하늘의 문이 열린 날"이라는 뜻이다. 하늘에
서 단군이라는 신(神)이 하늘 문을 열고 이 세상에 내려와 한민족을
위해 나라를 이룩했다고 단군 신화는 전하고 있다. 단군 신은 하늘과
땅이 하나가 되게 만들었으며 하늘의 이상과 지혜로 한국을 다스렸
다. 개천절의 이야기가 역사적 사실이 아니더라도 그 이야기 뜻은 한
민족의 근거가 하늘에 있다는 것을 말해 준다.

건국을 기념하는 날이라는 맥락에서 개천절과 미국의 독립기념일
(7월 4일)은 상통하는 데가 있다. 미국은 예수 그리스도 안에서 하나
님에 대한 믿음을 바탕으로 건국되었다. 동전에 새겨져 있는 "우리는
하나님을 신뢰한다" 라는 말은 하나님이 이 나라의 기초가 되는 동시
에 인도자임을 확연히 나타내 준다.

모세의 뒤를 이어 이스라엘 민족의 지도자가 된 여호수아는 그의
백성에게 다른 신들과 여호와 중에 누구를 믿을 것인지 신앙의 결단
을 하도록 요구했다. 그리고 "오직 나와 내 집은 여호와를 섬기겠노
라"(24:15) 하고 선포함으로써 그 백성들이 하나님에 근거해서 새
이스라엘을 건국하도록 이끌어 갔다.

믿음의 사람들인 우리는 오직 한 가지 선택이 있을 뿐이다. 우리는
오직 하나님 한 분만을 섬길 뿐이다. 오늘날 우리가 누구를 섬길 것인
가를 선택하는 것은 독립된 인격으로서 가정, 지역사회, 나라의 구성
원으로서 내려야 할 중요한 결정이다.

✝기도: 사랑과 자비가 풍성하신 하나님, 당신의 백성을 당신의 길과
진리와 생명 안에서 살아가도록 인도하시니 감사합니다. 한국과 미국
을 비롯한 모든 나라가 하나님께 필요한 것을 간구하며, 하나님의 성
령과 지혜로 인도되길 원하옵나이다. 예수님의 이름으로 기도드립니
다. 아멘.

Choose Whom You Will Serve

T his week, we celebrate the Foundation Day of Korea, also known as "Gae—Chun—Jul," which means "the day when the heaven opened up." It is the day when Dan—Gun, a heavenly being, opened heaven and descended to earth to give birth to a nation of Korean people. Through him, the heaven and earth became one. He ruled Korea with his heavenly vision and wisdom. While the story of "Dan Gun" is a myth, it still holds an important truth that Korea was created according to the heavenly will.

"Gae—Chun—Jul" can be compared to the Fourth of July. The United States was also founded based on our faith in God and in Jesus Christ. The words "In God We Trust" found on our coins are a vivid reminder that God is the foundation and guiding light of this nation.

Joshua, the second—generation leader for the people of Israel after Moses, challenged his people to make up their minds as to whom they will choose to serve. And then he put out a public statement: "But as for me and my household, we will serve the Lord." With these words of conviction, he sought to guide his people to lay the right foundation based on God for the new nation.

We, the people of faith, have one choice. We serve only one master, and there is no compromise. "Choose this day whom you will serve" is an important decision for us to make as individuals, family, community, and as nation.

† **Prayer:** O gracious loving God, thank you for calling your peoples and nations to live in your way, truth, and life. We pray for Korea, United States, and all the nations of the world today. May each nation confess her need for you, O God, and be guided by your wisdom and spirit. In Jesus' name we pray. Amen.

언어의 선물

언어를 만들어 내는 인간의 능력은 참으로 놀랄 만한 것이다. 오늘날 우리가 사용하는 언어와 사투리의 종류는 헤아릴 수 없이 많다. 최근 수십 년 동안 우리는 새로운 컴퓨터 정보 언어를 습득하고 있는데, 컴퓨터 역시 한 사람의 창조적이고 독창적인 두뇌로부터 시작하여 개발되었다.

한글은 15세기 이조 시대에 세종대왕이 만들어 펴낸 것이다. 그 전까지는 한자를 빌어다 썼는데, 한자는 배우기가 어려운 글자여서 상류층의 사람들만 쓰던 글자였다. 당연히 평민들은 글을 쓰고 읽지 못했으며, 다른 사람들과 의사 소통하는 데에 큰 불편을 겪었다. 민중을 사랑하는 마음에서 세종대왕은 모두가 쉽게 배울 수 있는 간단한 언어를 만들고자 하였다.

많은 2세들이 한글을 배우려고 노력하지만 배우기가 쉽지 않음을 깨닫곤 한다. 이중언어를 하는 나는 한글과 영어를 모두 좋아한다. 한글을 좋아하는 이유 중에 하나는 그것이 과학적인 언어인 동시에 한 가지 생각을 여러 가지 방법으로 나름대로 미묘하고 독특한 느낌을 주면서 표현할 수 있기 때문이다.

언어는 하나님으로부터 오는 선물이다. 우리 모두가 함께 나눌 수 있는 전 인류의 공통 언어는 예수 그리스도 안에 있는 사랑의 언어이다. 하나님의 사랑의 언어가 이 세상의 모든 하나님의 자녀를 하나가 되게 하여 주길 바란다.

✝기도: 하나님, 이 세상에 있는 수많은 언어를 선물로 주시고 하나님의 사랑의 언어로 저희를 하나가 되게 하여 주시니 감사합니다. 우리 특유의 언어와 문화를 사랑하는 동시에 다른 언어와 문화가 우리에게 가져다주는 유익함에 대해 감사하도록 도와주시옵소서. 그리스도가 우리와 하나됨과 같이 저희를 하나가 되게 인도하여 주시옵소서. 예수님의 이름으로 기도드립니다. 아멘.

The Gift of Language

I just marvel at our human capacity to create languages. In today's world, there are hundreds of different languages and dialects—both spoken and written. In recent decades, we have learned the new information language called the computer. It all started with one creative mind.

The Korean language is called "Han-Guel," and it was created by the famous King Se-Jong during the early era of the Yi Dynasty in the fifteenth century. Before then, Koreans used only Chinese characters which were considered the language exclusively for the aristocrats. Consequently, the commoners remained uneducated and had severe restrictions in their ability to communicate with others. Out of compassion for the common folks, King Se-Jong thought of creating a simple language that could be easily learned by both the learned and unlearned.

Many second-generation persons are trying to learn the Korean language, and they often find it a very difficult language to learn. As a bilingual person, I have come to appreciate both Korean and English languages. One thing I appreciate about the Korean language is that while it is a scientific language, it has the marvelous capacity to express one thought in numerous poetic ways.

In the final analysis, each language is a gift from God. And the universal language we all can share is the language of love in Jesus Christ. May God's language of love bring all God's peoples of the earth together as one.

† **Prayer:** Thank you God for the gift of many languages and uniting all the peoples of the earth in your language of love. While celebrating our unique language and culture, help us appreciate what others bring to us. Make us one as Christ is one with us. In his name we pray. Amen.

우리는 그리스도의 편지

오래 전 한국에서는 붓과 먹물을 사용해 편지를 쓰는 것이 중요한 언어소통의 방식이었다. 붓글씨는 수년의 훈련과 연습이 필요한 하나의 예술 형태이다. 붓글씨의 한 획마다 쓰는 사람의 훈련된 정신과 예술적인 우아함이 담겨져 있다. 초등학교 시절 재활용 신문지에다 붓글씨를 연습하던 것이 생각나는데 한국 문화에 대해 더 많이 알 수 있었던 즐겁고 의미 있는 시간이었다.

사도 바울은 고린도 교회의 성도들에게 보내는 편지에 다음과 같이 썼다: "너희는 우리로 말미암아 나타난 그리스도의 편지니 이는 먹으로 쓴 것이 아니요, 오직 살아 계신 하나님의 영으로 쓴 것이며 또 돌판에 쓴 것이 아니요 오직 육의 마음판에 쓴 것이라" (3:3). 바울은 그리스도 안에 있는 우리가 지닌 몇 가지 중요한 것을 제시했다.

1. 우리는 그리스도의 편지다. 우리는 그리스도의 복음을 전하고 그리스도를 대표한다.

2. 그리스도의 편지는 잉크로 쓰여지는 것이 아니라 살아 계신 하나님의 영으로 쓰여진다.

3. 그리스도의 편지는 종이에 쓰여지는 것이 아니라 우리의 마음판에 쓰여진다.

편지의 주된 기능은 쓰는 사람의 취지를 받는 사람에게 전하는 것이다. 마찬가지로, 우리는 그리스도의 복음을 다른 사람에게 전하는 그리스도의 편지이다. 우리는 말, 태도, 행동을 통하여 그리스도의 복음을 전해야 하며, 그것은 우리의 특권이자 책임져야 할 임무이다. 우리의 헌신적인 마음과 책임감 있는 삶을 통하여 그리스도의 복음을 잘 전할 수 있도록 하나님이 도와주시고 인도하시길 바란다.

✝기도: 예수님, 우리는 예수 그리스도의 복음을 사람들에게 전하는 그리스도의 편지입니다. 우리의 생각과 행동을 주장하셔서 우리를 통해 예수님의 사랑이 나타날 수 있도록 인도하여 주시옵소서. 당신의 믿음과 소망과 사랑을 전하는 과제를 저희들에게 주시니 감사드리며, 예수님의 이름으로 기도드립니다. 아멘.

A Letter of Christ

L etter writing with a brush in black ink was considered an important form of communication in the old Korea. This calligraphy writing is a form of art, which requires years of training and practice. Each stroke of a brush is the result of the writer's mental discipline and artful grace. As a youngster in elementary school, I remember practicing my brush strokes on recycled newspapers day after day. It was a pleasant and meaningful way of learning more about my Korean culture.

The Apostle Paul, in his letter to the Christians in Corinth, wrote, "and you show that you are a letter of Christ, prepared by us, written not with ink but with the Spirit of the living God, not on tablets of stone but on tablets of human hearts." He shared a few important things about ourselves in Christ:

1. Each of us is a letter of Christ. We bear his good news and represent him.
2. The Spirit of the living God, not ink, is the writer of the letter.
3. It is written not on a piece of paper but on our hearts.

The letter's main function is to bear the message of the writer to the receiver of the letter. Likewise, we are the letters of Christ, bearing his message of good news to others. Our words, attitudes, and actions must bear his message. It is a privilege but an awesome task. May the Lord help us and guide us to bear his message well through our dedicated hearts and responsible living.

† **Prayer:** We are your letters, O Christ Jesus, bearing your good news to others. Guide our thoughts and actions so that we can represent you truthfully and lovingly. Thank you for entrusting us with this task of bearing your message of faith, hope, and love. In your holy name. Amen.

세계 평화와 정의를 위하여

국 제연합(UN)은 제2차 세계대전이 끝난 후 창설되었다. 매년 10월 24일이 되면 국제연합에 속해 있는 모든 나라는 UN의 설립을 축하하고, 세계 평화와 정의를 추구하는 그들의 임무를 다시 한번 다짐한다.

우리는 어떻게 국제연합의 정신을 실천하며 살 것인가? 우리가 살고 있는 지역사회를 돌아보자. 내가 살고 있는 LA는 국제연합의 축소판이라 할 수 있다. 문화적 충돌, 인종간의 긴장상태, 계급의 불균형 등 복잡한 사회문제들이 날로 증가되고 있다. 한인 이민사회가 숫자나 크기에 있어서 급속히 발전하고 있는 반면 인종 계급간에 존재하는 문제들과 갈등으로 인한 긴장은 더욱더 고조되고 있다.

나는 1994년에 발생한 LA 폭동사건을 현대사회가 경험한 지진과 같은 것이었다고 보는데, 우리의 삶을 향상시키기 위해서는 땀흘려 열심히 일하는 것만으로는 충분하지 않다는 것을 깨닫게 해주었다. 우리는 문화적 배경이 다르고, 인종이 같지 않은 우리의 이웃과 화합하며 지낼 수 있는 방법을 찾는 것이 필요하다. 우리의 민족과 문화적 혈통에서 벗어나 피부색깔과 문화적 배경이 다른 민족들과 관계를 맺는 것은 중요한 과업이다. 그렇게 함으로써 서로간에 언어소통이 향상되고 이해와 감사하는 마음이 증진될 것이다.

지역사회의 한 부분으로서 건강한 한인사회를 만들어 가는 것은 모든 민족의 상호 이익을 위하여 매우 중요한 사명이며, 국제연합의 정신과도 일치된다.

✝기도: "화평하게 하는 자는 복이 있나니 그들이 하나님의 아들이라 일컬음을 받을 것임이요"(5:9). 하나님, 우리는 하루하루 살아가면서 자기 중심적으로 생각하고 말하고 행동할 때가 많이 있습니다. 우리만의 걱정과 필요를 넘어서 피부색깔과 문화가 다른 이웃들과 올바른 관계를 갖도록 도와주시옵소서. 우리 모두가 이렇게 서로 다른 문화적 배경을 가짐으로써 서로의 삶을 더욱 풍요롭게 할 수 있음을 깨닫게 인도하여 주시옵소서. 예수님의 이름으로 기도드립니다. 아멘.

Peace with Justice in the World

T he United Nations was organized as a direct result of World War II. On October 24 of each year, nations celebrate the United Nations Day and renew their commitment to its mission, which is peace with justice in the world.

How do we live out the spirit of the United Nations? I suggest that we take a look at the respective communities in which we live. My community is the greater Los Angeles area, which is a microcosm of the United Nations. In this part of the nation, we find increasingly complex issues of cultural clashes, ethnic tensions, and class inequalities. While our Korean Town is booming in number and size, we are confronted with more intense problems, issues, and challenges along ethnic and class lines.

From the 1994 L. A. uprising, which I call a modern day social earthquake, we have learned that working hard and long hours to advance our life is not good enough. We also need to find ways to get along with our neighbors of different races, ethnicity, and cultural backgrounds. Stepping out of our ethnic and cultural lines and building bridges with people of all colors and backgrounds are important tasks. They will enhance communicating and better understanding and appreciation of each other.

Building a healthy Korean American community as a part of the larger community for the mutual benefit of all peoples is a vital mission, and it coincides with the spirit of the United Nations.

✝ **Prayer:** "Blessed are the peacemakers, for they will be called children of God." So often, we tend to be more self-focused in our attitude. Help us move beyond our concerns and needs to reach out to others who are different from us. Help us remember that our difference from others is our gift to them, and vice versa. In Jesus' name we pray. Amen.

초기 이민 노동자들에게 경의를 표하며 (1부)

호 놀룰루에서 청소년 시절을 보낼 때 우리 가족은 "노인의 집"이라 불리는 양로원 옆에 살았다. 나는 자주 그 곳을 방문해 할머니, 할아버지들과 시간을 함께 보내곤 하였다. 그분들은 자기 부모님들의 인생살이와 경험담을 이야기해 주었는데, 그분들의 부모님들은 초기 하와이 사탕수수 농장에서 일하기 위해 이주해 왔던 이민 노동자들이었다.

하와이의 사탕수수 농장 지주들은 국내에서 노동력을 얻기 힘들게 되자 아시아로 눈을 돌려 새 노동력을 끌어들였다. 그들은 한국의 젊은이들이 가장 믿음직하고, 부지런하며, 순종을 잘하는 노동자들이라는 것을 알았다. 첫 번째 일행이 인천항에서 배를 타고 하와이에 도착하였다. 그들은 많은 돈을 벌어 고향에 곧 돌아갈 것을 꿈꾸며 힘든 생활을 시작하였다. 언어 장벽과 문화차이에서 오는 충격은 물론 하와이의 뙤약볕 아래에서의 장시간 노동, 할당된 막사 안에서의 비참한 생활, 인종차별, 일본에게 나라를 빼앗긴 고통과 끊임없이 찾아오는 향수병을 견디어 내야 했다.

초기에 이주한 노동자들 중에 평신도 부흥사들이 있었는데 다른 노동자들을 대상으로 사역을 시작하였다. 밤에 막사에서 성경공부와 친교 모임을 통하여 영과 육이 쇠약해진 노동자들에게 하나님의 사랑과 소망을 전하였다. 곧이어 주일에 한국어로 예배를 보기 시작하였고, 고통과 절망 속에서 예수 그리스도의 복음이 그들 삶의 희망과 힘의 원천이 되었다.

시편 23편은 초기 이민 시절 고난과 역경 속에서 고통을 받고 있던 한인 노동자들을 하나님께서 당신의 품에 품으시고 안전하게 보살피시고 지켜주셨음을 깨닫게 해준다.

✝기도: 하나님, 초기 이민자들이 역경 속에서 하나님을 만나고, 의지하며 소망을 갖고 믿음생활 한 것을 감사드립니다. 우리가 이 땅에서 새 역사를 창조해 갈 때 그분들이 용기와 믿음을 본받아 실천하는 그리스도인이 되게 인도하옵소서. 예수님의 이름으로 기도합니다. 아멘.

A Tribute to the Early
Immigrant Workers (Part I)

During my youth days in Honolulu, my family and I lived next door to the "Old Men's Home," the care facility built for retired Koreans. I often visited there and spent time with my adopted grandpas and grandmas. They told me about their life experience and stories of their parents, who were among the early contract workers to come to the Hawaiian plantations.

When the owners of the sugar plantations in Hawaii could not secure a good local labor force, they decided to look to Asia to bring new contract workers. They learned that the Korean young men were most reliable, diligent, and subservient workers. The first group of workers sailed from the Inchon Port to Hawaii. They dreamed of making lots of money and returning to their homeland soon. Thus began their hard life. In addition to language barrier and culture shock, they had to endure the deplorable living situations in their long hours of work under the scorching Hawaiian sun, the racial discrimination, and the pain of losing their country to Japan, and constant home sickness.

Among the early immigrant workers, there were lay evangelists who worked with them and ministered to them. These evangelists started Bible study and fellowship groups in the barracks at night. They told these exhausted workers about the God of love and hope. Soon, they stated worship services in Korean on Sunday. In the midst of pain and dispair, the Gospel of Jesus Christ became their source of strength and hope.

Psalm 23 reminds us that in the midst of hardship and adversity, God kept our immigrant ancestors under Divine care and protection.

† **Prayer:** We thank you God for our ancestors who kept their faith in times of difficulty. May we live out their courage and faith as we journey with you in making a new history for our people in this land. In Jesus' name. Amen.

초기 이민 노동자들에게 경의를 표하며 (2부)

초기 이민 노동자들의 삶은 고난과 역경으로 가득 차 있었다. 조국을 떠나올 때 뽑혀진 삶의 뿌리를 낯선 땅에 옮겨 심으려는 작업은 쉬운 일이 아니었다. 수많은 시련을 통하여 십자가의 참된 의미를 깨달았다. 오늘 로마서에 있는 본문 말씀은 그분들의 경험을 잘 말해주고 있다. 본인이 초기 이민 노동자들에게 경의를 표하기 위하여 쓴 다음의 기도문을 사랑하는 사람들과 함께 읽어보기 바란다.

다같이: 하나님, 우리의 이민 선조로 인하여 감사드립니다.

한사람: 1902년 조국을 떠나 노동자로서 하와이 섬에 이주해온 이민 선조들을 기억합니다. 낯선 땅에서 불확실한 미래를 직면하면서 그들이 가졌던 용기와 믿음을 기억합니다.

다같이: 하나님, 우리의 이민 선조로 인하여 감사드립니다.

한사람: 말할 수 있는 입이 있었으나 모국어밖에는 알지 못했으므로 벙어리로 있어야 했습니다. 볼 수 있는 눈이 있었으나 사탕수수밭에서 그들의 머리 위에서 뜨겁게 내리쬐는 햇볕으로 인하여 장님이 되어야 했습니다. 하지만 끊임없이 움직이고 일했습니다.

다같이: 하나님, 우리의 이민 선조로 인하여 감사드립니다.

한사람: 고통과 비참함 속에서 그분들은 하나님을 기억했습니다. 하나님께 예배를 드리기 위해서 건물을 세웠고, 영혼의 집으로 삼았습니다. 흙 묻은 손으로 예물을 드려 제단에 바쳤습니다. 구원의 기쁜 소식을 들을 때 그분들은 더 이상 귀머거리가 아니었습니다. 놀라운 은총을 찬양할 때 더 이상 벙어리가 아니었습니다. 그분들은 하나님을 기억하고 찬양하였습니다.

다같이: 하나님, 우리의 이민 선조를 보내 주셔서 감사드립니다. 우리 역시 구원의 기쁜 소식을 듣고, 당신의 놀라운 은총을 찬양드립니다. 아멘.

A Tribute to the Early Immigrant Workers (part II)

T he early immigrant workers from Korea knew hard life and suffering. Having their roots pulled up when they left their motherland and trying to transplant their roots in a strange land were no easy task. Through many trials, they learned the meaning of the Cross. Today's passage in Romans speaks well of their experience. I invite you and your loved ones to read the following litany of remembrance, which I wrote in honor of our early immigrant ancestors:

All: Hananim, thank you for our immigrant ancestors.

One: We remember our first immigrant ancestors who left their homeland in 1902 and came to the Hawaiians islands as contract laborers. We remember their courage and faith as they faced the uncertain future in a strange land.

All: Hananim, thank you for our immigrant ancestors.

One: In the new frontier, their lives were uprooted, and they were treated as foreigners. Instead of the cool ocean breeze, the scorching heat of racial prejudice burned their backs. Yet, they kept dreaming for better days.

All: Hananim, thank you for our immigrant ancestors.

One: In the midst of their misery and pain, they remembered you. They built the house of worship for you and made it the home of their souls. With their dirt-stained hands they brought their offerings unto your altar. When they heard your saving story, they were no longer deaf. When they sang of your amazing grace, they were no longer dumb. They remembered you and gave you praise.

All: Hananim, thank you for our immigrant ancestors. We, too, hear your saving story. We, too, sing of your amazing grace. Amen.

추수감사절

추 수감사절에는 온 가족이 함께 모여 칠면조 고기와 펌킨 파이를 먹고 즐긴다. 추수감사절은 유럽의 초기 청교도들이 종교의 자유를 찾아서 미국으로 건너 온 것에서부터 시작된다. 겨울의 모진 날씨와 온갖 질병들로 새로운 이민자들의 대부분이 생명을 잃었으나 원주민들의 도움을 받아 그들은 첫 번째 추수감사의 예배를 드렸다. 모든 것이 부족한 상태에서도 그들은 하나님께 감사를 표시했다. 1863년 말경 남북전쟁이 한창 진행되어 갈 때 아브라함 링컨 대통령은 다음과 같이 썼다: "미국 전역의 동포 여러분이 잠시 하던 일을 멈추고 11월 마지막 목요일을 추수감사절로 지키고 하나님께 경배할 것을 부탁합니다."

하나님께 감사드리는 것은 선택의 문제이다. 우리는 범사에 감사하며 살 수도 있고, 좋은 일이 일어났을 때조차도 감사하는 마음 없이 살 수도 있다. 예수님이 열 명의 나병 환자를 고쳐준 후에 오직 한 명만이 예수님께 와서 감사하다고 했다. "나머지 9명이 어디 있느냐" 하고 예수님이 물으셨다. 감사하는 마음은 우리 삶의 초점을 우리 자신으로부터 하나님의 무한한 은총과 축복으로 옮길 때 생긴다. 감사하며 사는 사람들은 삶의 어려운 역경 속에서도 하나님이 함께 하시며 행동하시는 것을 알 수 있다.

추수감사절 동안 하나님에게로부터 받은 크고 작은 모든 축복들을 세어보자. "감사함으로 그의 문에 들어가며 찬송함으로 그의 궁정에 들어가서 그에게 감사하며 그의 이름을 송축할지어다"(시편 100:4). 바로 지금 우리는 감사하는 마음을 감사를 표시하는 삶으로 바꿀 수 있다. 우리 모두 감사하는 마음을 표시하며 사는 실천하는 신앙인이 되도록 하자.

✝기도: 자비하신 하나님, 우리의 감사를 받아 주시옵소서. 범사에 감사하며, 하나님께 영광 돌리며 감사하는 마음을 실천으로 옮기며 사는 우리가 되도록 인도하여 주시옵소서. 예수님의 이름으로 기도드립니다. 아멘.

Thanksgiving

T hanksgiving is a special time of the year when families enjoy turkey dinner and pumpkin pies. Its origin goes back to the early European pilgrims who came to America for religious freedom. Harsh winters and diseases took the majority of lives in this early immigrant community. With the help of the natives, they had their first Thanksgiving. In the midst of want, they met to express thanks to God. Later in 1863, in the midst of the war between the states, President Abraham Lincoln wrote: "In the midst of a Civil War of unequal magnitude and severity . . . I invite my fellow citizens in every part of the United States to set aside and observe the last Thursday of November as a day of thanksgiving and praise to our God."

Thanksgiving is a matter of choice. We can choose to live a thankful life in all circumstances or live a thankless life even when good things come. After Jesus healed the ten lepers, only one of them came back to Jesus to thank him. "Where are the nine?" Jesus asked. Thanksgiving happens when we shift our focus from ourselves to God's abundant grace and blessing. Thanksgiving people can see God in action even in the most difficult situation.

During this season of Thanksgiving, let us count all the blessings God has given to us. And let us "Enter his gates with thanksgiving, and his courts with praise. Give thanks to him, bless his name" (Psalm 100:4). Now, we can turn our thanks—giving to thanks—living. It is time to turn our thankful hearts to thanks—filled actions with our lives.

† **Prayer:** Receive our thanksgiving, O gracious God. Grant us hearts of thanksgiving in all circumstances and let us live for you with thankful hearts always. In Jesus' name we pray. Amen.

변화에 대처하는 방법

우 리의 삶은 항상 변한다. 매일 크고 작은 변화가 우리가 알게 모르게 일어난다. 하지만, 우리 인간은 습관적으로 살아가는 피조물이며 변화를 좋아하지 않는다. 우리는 익숙하고 예측할 수 있는 것으로 불변하는 것을 선호하며 우리의 삶이 우리의 손안에 있다는 것을 알게 될 때 마음의 평온을 가지게 된다.

그러나 아브라함은 달랐다. 아브라함은 하란에서 아버지의 사업과 가정의 전통을 이어 받아 아주 평안한 삶을 살아가려고 하였다. 바로 그 때 하나님이 그의 삶에 간섭하셔서 새로운 모험의 삶을 살도록 부르셨다. "너는 너의 고향과 친척과 아버지의 집을 떠나 내가 네게 지시할 땅으로 가라"(12:1). 아브라함이 하나님의 부르심을 받아들이고 따라가는 데는 굉장히 큰 믿음이 필요했을 것이다. 하나님은 길을 안내하는 지도나, 여행 일정표, 또는 미래에 대한 보증서를 주지 않으셨다. 단지 하나님의 약속을 믿고 떠나라고 부르셨다. 아브라함은 그가 은퇴할 나이이고 그런 큰 변화의 삶을 살기에는 너무 늙었기 때문에 다른 사람을 찾아보라고 하나님께 대답할 수도 있었다. 아브라함은 하나님의 부르심에 응답하여 하나님과 함께 믿음의 모험의 길을 택하였다.

변화에 대처하는 가장 좋은 방법은 하나님을 신뢰하는 것, 즉 믿음을 갖는 것이다. 끊임없는 삶의 변화 속에서 긍정적이고 창조적인 삶을 살기 위해서는 하나님을 향한 진실된 믿음이 필요하다. 우리 이민 사회는 시작부터 지금까지 끊임없는 변화를 겪고 있다. 이러한 변화와 함께 하나님은 우리의 이민사회를 포함한 모든 지역사회를 새로운 가능성과 기회가 가득 찬 미래로 인도해 가고 계시다.

✝기도: 하나님, 믿음의 조상 아브라함이 그랬던 것처럼, 불확실한 미래를 향해 하나님을 따라갈 때 온전히 하나님만 의지하도록 도와주시옵소서. 하나님이 우리의 과거, 현재, 미래의 주인이심을 깨닫게 하시고 삶의 변화를 열정을 갖고 받아들이도록 도와주시옵소서. 예수님의 이름으로 기도드립니다. 아멘.

How to Deal with Changes

Life is full of changes. We live each day with big and small changes knowingly and unknowingly. Yet we are creatures of habit and do not like changes. We prefer constancy with familiarity and predictability, so that we can feel secure in knowing that we are in control.

This was not the case for Abram. Abram was set to take the most natural course in life, which was to carry on his fathers business and family tradition in Haran. That is when God intervened and called him to a new adventure in life. "Go from your country and your kindred and your fathers house to the land that I will show you" (12:1).

It must have taken a lot of faith for Abram to accept and follow this call. God didn't offer any road map, itinerary, or promissory note. God just called him to go trusting God's promise. Abram could have responded to God looking for another person since he was of retirement age and too old for such drastic change. Abram responded affirmatively to God's call and took an adventure of faith with God.

Probably the best way to deal with change is trusting, which is another word for faith. In the midst of constant change in life, it takes real faith in God to deal with it positively and constructively. Change has been the story of our Korean American community since its beginning until now. With change God is guiding our community and all other communities of peoples to the future of new possibilities and opportunities.

† Prayer: Teach us how to trust you completely as we follow you into the unknown future, as Abram did. Help us accept changes gracefully and enthusiastically, knowing that you are in charge of our life in the past, present, and future. In Jesus' name we pray. Amen.

예수님이 오신다!

예수님의 오심을 즐거운 마음으로 기대하고 준비하는 기간인 강림절을 맞이하였다. 세속적인 세상에서는 크리스마스 쇼핑을 시작하는 때이다. 즐거운 크리스마스 분위기가 크리스마스 캐롤과 장식들로 가득 찬 백화점에서 시작되는 것 같아 다소 역설적이라 생각된다. 사랑하는 사람을 위해 선물을 사는 것도 좋지만 크리스마스의 참된 기쁨은 성경에 쓰여진 하나님의 약속에서 발견된다.

오늘 본문에서 이사야는 위로의 말씀을 전하고 있다. 예수님이 우리를 죄와 어두움에서 구하기 위하여 이 세상에 오신다. 예수님은 우리에게 완전한 자유와 해방을 주실 것이다. "골짜기마다 돋우어지며 산마다, 언덕마다 낮아지며 고르지 아니한 곳이 평탄하게 되며 험한 곳이 평지가 될 것이요 여호와의 영광이 나타나고 모든 육체가 그것을 함께 보리라"(40:4-5).

강림절은 억압받고, 힘이 없고, 멸망에 이른 자들에게 희망의 소식을 가져온다. 가장 낮은 곳에 있는 자들을 들어 올려 예수 그리스도 안에 있는 희망의 빛을 볼 수 있도록 한다. 이 희망의 소식이야말로 우리가 들어야 할 메시지이다. 이 메시지야말로 온 세계가 크리스마스의 광고, 열광적인 구매, 온갖 행사의 소음보다 더 명백히 들어야 하는 소식이다. 예수님이 이 세상에 오신다!

†기도: 하나님, 바쁜 명절이 다가왔습니다. 우리의 눈과 귀를 열어 하나님이 주시는 희망의 소식을 듣게 하옵소서. 그리하여 예수님이 이 세상에 오시는 것을 올바른 마음 자세로 맞이할 수 있도록 인도하여 주시옵소서. 소비주의와 물질주의가 팽배한 이 세상에 작고 조용한 희망의 소리가 울려 퍼지도록 축복하여 주시옵소서. 예수님의 이름으로 기도드립니다. 아멘.

Jesus Is Coming!

We have come to the season of Advent, the time of joyful anticipation and preparation for Jesus' coming. In the secular world, the Christmas shopping season has arrived. It is ironic that the joyous spirit of Christmas seems to be generated more in shopping malls than in any other place, with their Christmas carols and decorations and all. While we like the idea of buying gifts for our loved ones, the source of our true joy of Christmas is found in the promises of God in the Bible.

In today's Bible passage, Isaiah gives a message of comfort. Jesus is coming to save us from our sins and darkness. He will give us the total freedom and liberation. Every valley shall be lifted up, and every mountain and hill be made low; the uneven ground shall become level, and the rough places a plain.

The Advent message is the message of hope for the oppressed, the downcast, and the powerless. It reaches down to the lowliest of the low and lifts them up to see the light of hope in Jesus Christ. This is the message we all needs to hear. This is the message which the world needs to hear . . . more clearly than the sounds of Christmas advertisements and frenzied shopping and activities. Jesus is coming!

†**Prayer:** The busy holiday season has come, O Lord. Let us keep our eyes and ears open to your message of hope today, so that we may prepare for your coming in the right spirit. Bless your world, O Christ, that in the midst of noises of consumerism and materialism will come the still small voice of hope. In Jesus' holy name. Amen.

주의 길을 예비하라!

크리스마스를 어떻게 준비하고 있는가? 크리스마스를 앞두고 크리스마스 장식, 카드 보내기, 선물 준비, 크리스마스 파티로 우리는 점점 더 바쁜 나날을 보내고 있다. 비록 육체적으로는 바쁘지 않다 하더라도 우리의 머리는 여러 가지 많은 생각으로 가득 차 있다. 이러한 것이 크리스마스를 맞이하는 기쁨의 일들일 수도 있지만 많은 사람들에게는 커다란 스트레스를 가져온다.

크리스마스를 준비하는 마음으로 우리 가족은 하나의 작은 전통을 만들었다. 추수감사절이 지난 그 다음 주말에 아들과 함께 차고에서 크리스마스 용품을 담은 상자를 집안으로 들여와 크리스마스 츄리를 세우고 집안을 장식한다. 우리는 크리스마스 색깔 즉 빨간색, 초록색, 하얀색, 금색, 보라색, 파란색들을 좋아한다. 밤에 크리스마스 음악이 흐르는 거실에서, 츄리 주위에 둘러앉아 황홀한 불빛을 즐기며 대화를 주고받는다. 우리는 크리스마스의 참된 의미에 대하여 묵상함으로 예수님이 오시는 기쁜 소식을 조용히 가슴으로 받아들인다.

세례 요한이 광야에서 외쳤다. "너희는 주의 길을 준비하라 그가 오실 길을 곧게 하라." 우리는 어떻게 주의 길을 곧게 하며 회개하여 합당한 열매를 맺을 수 있는가? 이 바쁜 기간동안 우리의 삶을 단순화시키라고 권하고 싶다. 예수 그리스도를 보는 데 방해되는 것들을 치워버리고 우리 안에 예수님의 성령이 들어갈 수 있도록 빈자리를 마련해 놓자.

정말 중요한 것은 우리의 마음을 준비시키는 것이다. 우리 마음의 성소를 청결하게 하고, 단순하게 하며, 왕 중의 왕이신 우리 주 예수님을 맞이할 준비를 할 필요가 있다.

†기도: 크리스마스를 축하하기 위해서 준비해야 할 일들이 많이 있습니다. 예수님이 이 땅에 오신 것이 우리가 축하하여야 할 참된 이유임을 깨닫게 도와주시옵소서. 우리의 마음을 곧게 하여 육신을 입고 이 땅에 오시는 예수님을 즐거운 마음으로 맞이할 수 있도록 준비하게 도와주시옵소서. 예수님의 이름으로 기도드립니다. 아멘.

Prepare for His Coming!

How are you preparing for Christmas? We are getting busier with our Christmas preparations—Christmas decorations, sending Christmas cards, shopping for loved ones, and going to Christmas parties. Even if we do not engage in much physical preparation, somehow our minds are filled with many busy thoughts. It can be a season of excitement, but high stress, for many people.

As a way of preparing for Christmas, my family and I have developed a little tradition in our home. It begins on the weekend after Thanksgiving. My son and I go to the garage and bring into the house several boxes of Christmas objects, put up a Christmas tree, and decorate our rooms. We love the colors of Christmas—red, green, white, gold, and sometimes purple and blue. At night we sit around the Christmas tree in our darkened livingroom, and enjoy its enchanting beauty and conversation while listening to Christmas music. We meditate on the meaning of the season and let the quiet joy of Christ warm our hearts.

John the Baptist cried out in the wilderness, "Prepare the way of the Lord, make his paths straight." How do we make the Lord's paths straight and bear fruit worthy of repentance? During this busy season, I suggest that we learn to simplify our lives. Take away the things that prevent us from seeing Christ and make a room for his Spirit in us.

The preparation of the heart is what really matters. We need to clean up our inner sanctuary, keep it simple, and prepare to receive the King of kings, the Lord of lords.

✝ Prayer: There are so many things to do to prepare for our Christmas celebration. Help us to know that Jesus is the reason for the season. Make our hearts straight so that we can prepare well to welcome him into our lives with joy. In his name we pray. Amen.

마리아의 찬양

크 리스마스의 이야기는 천사 가브리엘이 마리아에게 찾아와 예수님의 탄생에 대하여 이야기하는 것으로 시작된다. 그 이야기는 뜻밖의 것으로, 온 세상의 구주가 되실 예수님의 육신의 어머니가 될 것이라는 것이다. 당시 마리아는 요셉과 결혼을 약속한 십대 소녀에 불과하였다. 가브리엘이 전해 주는 하나님의 말씀은 충격적인 것이었다. 어떤 사람은 "하나님이 왜 마리아의 결혼과 미래를 위험에 빠뜨리려고 했는가?" 하고 질문을 할 수도 있다.

마리아는 자신의 안락을 위해 하나님의 뜻을 거절할 수도 있었으나 순종하기로 결심하였다: "주의 여종이오니 말씀대로 내게 이루어지이다" (1:38). 마리아는 자신을 특별히 사랑하시는 하나님을 찬미하며 찬양을 드렸다. 또한 힘없고 가난한 자들을 위해 하나님의 정의가 실현되기를 기도하였다. 그들의 억압받는 상황과 관련하여 하나님의 정의가 물이 흐르듯 넘쳐나기를 기도하였다.

우리는 왜 하나님이 마리아를 예수님의 어머니로 택하였는지 알 수 있다. 하나님께 순종하고 모든 사람들을 위한 정의로운 세계를 창조하는 데 헌신하는 것이 그녀의 기본 신앙이었다. 이러한 바탕 위에서 마리아는 아들 예수를 하나님 말씀에 순종하고, 정의를 사랑하는 인류의 구주로 양육하려고 하였다.

마리아가 예수님을 잉태한 것처럼, 마리아의 순종심과 사회 정의를 사랑하는 정신을 우리 마음 속에 잉태하도록 하자. 크리스마스의 참된 정신이 바로 여기에 있다.

✝기도: 하나님의 진정한 종으로서 우리의 신앙생활에 모범이 되신 예수님의 어머니, 마리아를 허락하시니 감사드립니다. 모든 사람을 위해 친절과 정의를 행하며 우리를 완전히 하나님께 맡기고 겸손히 주님과 함께 걸어 갈 수 있도록 도와주시옵소서. 예수님의 이름으로 기도드립니다. 아멘.

Mary's Song

T he angel Gabriel's announcement to Mary concerning the birth of Jesus begins the story of Christmas. Out of the blue, he came to Mary and told her that God has chosen her to be the earthly mother of Jesus, the Savior of the world. Mary was a young teenage girl engaged to be married to Joseph. The message from God was a troubling one. One might ask, "Why would God jeopardize her marriage and future?"

Mary had a choice to refuse it for her own safety and security, but she chose to obey to the will of God: "Here am I, the servant of the Lord; let it be with me according to your word" (1:38). She then sang her song of praise, magnifying the Lord for looking upon her with favor. Her song doesn't end there but moves on to a form of prayer for God's justice for the poor and powerless. By relating to their oppressive condition, Mary prays that God's justice will roll down like a stream of water.

We now know why God chose Mary to be the mother of Jesus. Her obedience to God and commitment to creating a just world for all peoples were the basis of her faith. On this foundation, Mary would raise her son Jesus to be the obedient and justice-loving Savior of the world.

As Mary became pregnant with Jesus, let us conceive in our hearts her obedience and spirit of justice for all God's peoples. For in such belongs the true spirit of Christmas.

†Prayer: We give you thanks for Mary, the mother of Jesus, who has modeled for us the faith of a true servant. Help us submit totally to you and walk humbly with you, with loving kindness and justice for all. In Jesus' name we pray. Amen.

요셉과 마리아, 그리고 예수님

요셉은 마리아가 결혼 전에 아이를 잉태한 것을 알고 몹시 갈등하고 고민하였을 것이다. 마리아를 사람들 앞에서 창피를 줄 수도 있었으나 그렇게 하기엔 그녀를 너무 사랑하였다. 또한 인격을 갖춘 사람이었기에 그는 아무도 몰래 파혼하기로 결심하였다. 그의 꿈에 하나님의 천사가 나타나 마리아를 통한 하나님의 계획과 행동을 설명해 주고 결혼할 것을 다짐하였다. 마리아가 예수님을 잉태한 채로 그들은 결혼을 하였다.

예수님이 탄생하였을 때, 요셉과 마리아는 아기 예수를 사랑으로 맞이하였다. 비록 물질적인 부유함과 안정은 없어도 하나님을 경외하고 하나님을 사랑하는 가정의 일원이 되었다. 이것이 바로 크리스마스를 향한 하나님의 계획이었다.

요셉은 하나님의 계획에 순종함으로써 예수님의 육신의 아버지가 되었다. 크리스마스 때 예수님 탄생 이야기에서 요셉은 중요한 위치를 차지한다. 기쁨으로 하나님께 순종함으로 마리아와 요셉은 예수님의 육신의 부모가 되었고, 하나님을 사랑하고 알도록 예수님을 양육하는 기쁨을 누렸다. 이 얼마나 큰 특권인가!

우리 역시 하나님을 경외하고 하나님을 사랑하는 가정이 되어 아기 예수를 환영하며 맞이하자. 우리 마음에 예수님이 새로이 탄생하게 하자. 우리 구주 되신 예수님, 오시옵소서!

✝기도: 하나님, 당신의 겸손하며 순종하는 종 마리아와 요셉의 삶 속에 예수님을 보내어 주셨습니다. 그들처럼 우리도 겸손하고 순종하는 마음의 문을 활짝 열어 예수님을 맞이합니다. 아기 예수를 통해 우리를 죄에서 구원하시는 하나님의 그 크신 계획을 우리가 알고 기뻐하며 크리스마스를 축하합니다. 우리의 구주이신 아기 예수를 선물로 주신 것을 감사하여 찬양을 드립니다. 예수님의 이름으로 기도드립니다. 아멘.

Joseph, Mary, and Jesus

Joseph must have been deeply disturbed by what he saw in his fiancee, Mary. She was with child even before they got married. He could have exposed her to public disgrace, but he loved her too much to do that. He was a man of integrity. So, he chose to break the engagement quietly. In a dream, an angel of the Lord appeared and explained to him God's plan and action through Mary and assured him that he should move ahead with the marriage plan. While she was still pregnant, they got married.

And when Jesus was born, he and his wife Mary welcomed him into their family and surrounded him with love. Although there was not much material wealth and comfort, Jesus was born into this God-fearing and God-loving servant family. This was God's plan for Christmas.

By submitting himself to God and God's plan, he became the earthly father of Jesus as well. He took an important part in the story of Jesus' birth at Christmas. And through their joyous obedience to God, both Mary and Joseph became Jesus' earthly parents, having the joy of raising him in the love and knowledge of the Lord. What a privilege that was!

We, too, can be God-fearing and God-loving families and welcome the Christ Child. May he be born anew in your hearts. Come, Lord Jesus!

✝ **Prayer:** Dear God, you sent Jesus to be born into the life of your humble and obedient servants, Mary and Joseph. Like them, we open our humble and obedient hearts to him and welcome him into our lives. We celebrate this Christmas with the joy of acknowledging your great plan of salvation for us through the Christ Child. We praise you for the gift of this Child, our Savior. In his name we pray. Amen.

새로운 시작을 위한 좋은 끝마무리

한 해 동안 여러분과 믿음의 여정을 함께 하게 된 것을 감사하게 생각한다. 이 가정예배서를 통하여 나의 생각을 함께 나눈 것은 나에게는 특권이자 참된 기쁨이었다. 여러분에게도 의미 있었고 용기를 돋구어 주는 시간이 되었기를 바란다.

우리는 한 해의 마지막에 와 있다. 묵은 해를 보내고 새해를 맞이하는 시간의 교차로에 있는 것이다. 한 해를 돌아보면서 여러 가지 감정에 휩싸인다. 우리가 해온 일들이 우리에게 성취감을 주는가 하면 또한 후회를 하게도 한다. 우리는 좋은 기억, 좋지 않은 기억, 도전이 되는 경험들도 하였다. 지금은 우리 앞에 놓여진 여정을 위하여 우리의 기억 속에서 올바른 시각을 세울 필요가 있다.

오늘 본문 말씀에서 예수님은 묵은 포도주는 낡은 가죽부대에 담고 새 포도주는 새 가죽부대에 담아야 한다고 말씀하셨다. 또한 묵은 포도주가 좋다고 하셨다. 낡은 것이 있기에 새것이 있는 것이다. 우리의 과거가 존재하므로 현재와 미래가 있는 것이다. 예수님은 우리의 삶에 있어서 시작과 끝이 똑같이 중요함을 깨닫게 해주신다.

삶 속에서 우리가 배운 한 가지 유익한 교훈은 새로운 또 하나의 시작을 탄생시키기 위해서는 끝마무리를 잘해야 한다는 것이다. 끝마무리를 잘해야 한다는 것은 우리의 삶에 대하여 하나님이 말씀하시는 것을 받아들이는 것이다. 예수님이 말씀하시는 낡은 가죽부대는 하나님의 은총을 말한다. 우리의 경험과 기억들을 하나님의 은총 안에 두어야 한다. 그러면 우리는 옛날 것이 좋다고 말할 수 있다. 왜냐하면 하나님은 좋으신 하나님이시며 새로운 것은 좋은 것이고 하나님 안에서 새 창조가 있기 때문이다.

✝기도: 우리의 과거, 현재, 미래가 되시는 하나님. 한 해 동안 저희를 인도하여 주신 것을 감사드립니다. 하나님의 은총으로 가는 이 해를 잘 마무리짓고 오는 새해를 기쁨과 믿음으로 맞이할 수 있도록 인도하여 주시옵소서. 예수님의 이름으로 기도드립니다. 아멘.

A Good Closure for the New Beginning

I want to take this opportunity to thank you for allowing me to journey with you throughout this year. It has been a real privilege and pleasure for me to share my thoughts with you through this family devotional book. I hope it has been meaningful and encouraging to you.

We are nearing the end of the year. We are at a crossroad of time where we bid farewell to the old year and welcome the new. As we review this year, we are gripped with mixed feelings. We remember the things we have done that give a sense of accomplishment or regret. We remember happy memories as well as sad and challenging experiences. We now feel the need to put a right perspective in our memories for the journey that lies ahead of us.

Jesus said in today's Bible passage that old wine must be kept in an old wineskin and new wine must be put into a new wineskin. And then, he went on to say "the old is good." We have the new only because we have the old. We have the present and future only because we have the past. Jesus reminds us that beginnings and endings are equally important in life.

One helpful lesson we learn in life is that we need to give a good closure to our endings for the new beginning to birth. A good closure means to let God have the final say about our life. The old wineskin Jesus talks about is God's grace. We need to put our old experiences and memories in God's grace. Then, we can say, "the old is good. Because God is good" and "the new is good. Because in God there is new creation."

† **Prayer:** God of our yesterday, today, and tomorrow, we thank you for guiding us through this year. By your grace, enable us to put a good closure to this year and welcome the New Year with joy and faith. In Jesus' name we pray. Amen.

‥메모‥